Mayr · Wieser
Energy-Cuisine

Peter Mayr hat 27 Jahre lang als Küchenchef in einem Gesundheitszentrum am Wörthersee gewirkt. Er war seit dieser Zeit ständiger Begleiter und Mitautor des international bekannten Mayr-Arztes Dr. Erich Rauch. Jahrzehntelang wurde in Pionierarbeit gemeinsam geforscht und entwickelt. Das erste gemeinsame Buch mit Dr. Rauch war „Die Milde Ableitungsdiät" (1977), das letzte gemeinsame Buch „Die Kohlenhydratfalle" (2004). Dazwischen gab es eine Vielzahl anderer Bücher, die alle im K.F. Haug Verlag erschienen sind.

Mittlerweile hat sich Peter Mayr als Vortragender und Consulter in der Gesundheitsküche und Diätetik selbstständig gemacht. Als erfahrener Ernährungsberater und Schulungsleiter steht er mit seiner Institution „Gustogenese" den Wellness- und Gesundheitshotels zur Verfügung.

Andreas Wieser ist seit 20 Jahren Geschäftsführender Gesellschafter im Gesundheitszentrum Lanserhof, einem der führenden Medical-Health-Center im alpinen europäischen Raum. Dieses Unternehmen entwickelte er zu hoher Effizienz mit attraktiven ökologischen Erfolgen. Als Marketing-Stratege entwickelte er herausragende Zukunftskonzepte und wurde mit hochkarätigen Awards ausgezeichnet. Zusammen mit seinem Team ist er auch Schöpfer eines neuartigen und weltweit einmaligen Health-Concepts, das die internationale Spitzenmedizin mit traditionellen Heilverfahren kombiniert. Sein wesentlicher geistiger Ansatz ist die ganzheitliche Perspektive auf den individuellen Menschen.

- Peter Mayr
- Andreas Wieser

Energy-Cuisine

- **Mehr Energie, mehr Leistung, mehr vom Leben:**
  So essen Sie sich fit

Bibliografische Information der Deutschen Bibliothek
Die Deutsche Bibliothek verzeichnet diese Publikation in der Deutschen
Nationalbibliografie; detaillierte bibliografische Daten sind im Internet
über http://dnb.ddb.de abrufbar

© 2005 Karl F. Haug Verlag in MVS Medizinverlage Stuttgart GmbH & Co. KG.,
Oswald-Hesse-Straße 50, 70469 Stuttgart

Das Werk ist urheberrechtlich geschützt. Nachdruck, Übersetzung, Entnahme
von Abbildungen, Wiedergabe auf fotomechanischem oder ähnlichem Wege,
Speicherung in DV-Systemen oder auf elektronischen Datenträgern sowie die
Bereitstellung der Inhalte im Internet oder anderen Kommunikationsdiensten
ist ohne vorherige schriftliche Genehmigung des Verlages auch bei nur auszugsweiser Verwertung strafbar.

Die Ratschläge und Empfehlungen dieses Buches wurden von Autoren und
Verlag nach bestem Wissen und Gewissen erarbeitet und sorgfältig geprüft.
Dennoch kann eine Garantie nicht übernommen werden. Eine Haftung der
Autoren, des Verlages oder seiner Beauftragten für Personen-, Sach- oder Vermögensschäden ist ausgeschlossen.

Sofern in diesem Buch eingetragene Warenzeichen, Handelsnamen und Gebrauchsnamen verwendet werden, auch wenn diese nicht als solche gekennzeichnet sind, gelten die entsprechenden Schutzbestimmungen.

Programmplanung: Dr. Elvira Weißmann-Orzlowski
Lektorat: Susanne Arnold
Fotos Innenteil: Manfred Arnold S. 47, 55, 106, 113, 120, 123, 127, 139, 141, 150;
alle übrigen: Frigesch Lampelmayer
Zeichnungen: nuova media

Umschlaggestaltung: CYCLUS · Visuelle Kommunikation
Umschlagfotos vorn und hinten: Stockfood
Satz: IPa, Vaihingen/Enz
Druck und Verarbeitung: Druckhaus Köthen
ISBN 3-8304-2173-7   1 2 3 4 5

Inhalt

Vorwort ... 8

Alles über Energy-Cuisine

Wozu Energy-Cuisine? ... 12
Wie setzt sich Energy-Cuisine zusammen? ... 13
Was ist das Besondere an der Energy-Cuisine? ... 13
Wie funktioniert die Energy-Cuisine? ... 14

Die Elemente der Energy-Cuisine ... 15
Die Kleinkraftwerke unserer Vitalität ... 15
❀ Sonnenlicht als Energiespender ... 15
Die Urkräfte des Lebens ... 18
❀ Der Arzt in der Küche und die Bedeutung der Lebensmittel ... 18
Die Philosophie der Nahrung ... 20
❀ Energiemangel macht krank ... 20
Entgiften als Grundlage für neue Energien ... 21
Weg mit dem Körperfett durch die richtigen Kohlenhydrate ... 22
❀ So berechnen Sie die glykämische Last ... 24
Eiweiß – das richtige Maß macht's ... 25
❀ Kombinieren Sie sinnvoll ... 27
❀ Auf die Menge kommt es an ... 27
Ist unsere Esskultur in Gefahr? ... 28
❀ Fast-Food – Junk-Food – Fertigprodukte ... 28
❀ Umdenken ist angesagt ... 29
Energieräuber, die Feinde unserer Basisenergie ... 30
❀ Psychische Energieräuber ... 30
❀ Körperliche Energieräuber ... 30
Die Säure-Basen-Balance ... 33
❀ Ernähren Sie sich vorwiegend basisch ... 33
Die richtige Nahrung zur richtigen Zeit ... 35
❀ Hören Sie auf Ihre innere Uhr ... 35
❀ Wann arbeiten unsere Organe am besten? ... 36

Inhalt

❀ Minimum und Maximum an Energie durch Beachtung der Tagesrhythmen ... 37

Mehr Lebensqualität durch Energy-Cuisine ... 41
Welcher Konstitutionstyp sind Sie? ... 41
❀ Welcher Typ tickt wie? ... 42
❀ Der Alpha-Hitzetyp (A) ... 42
❀ Der Beta-Schwächetyp (B) ... 42
❀ Der Gamma-Kältetyp (G) ... 42
❀ Der Delta-Speichertyp (D) ... 42
❀ Testen Sie sich selbst ... 43
Wärme- und Kältewirkung von Lebensmitteln ... 46
❀ Nahrungsmittel als Medizin ... 49
So finden Sie Ihre optimale Ernährungsform ... 56
❀ Die individuelle Konstitution ... 56
❀ Alle Menschen sind Mischtypen ... 58
❀ Die optimale Ernährung ist für jeden anders ... 59

Lassen Sie Ihr Verdauungsfeuer lodern ... 63
(Dr. Karin Ebner)
❀ Die Ernährung der Mitte heißt Wohlfühlen ... 64
Lebensmittel als Arzneimittel ... 64
So funktioniert die Energy-Cuisine ... 66
Erkenntnisse für den Menschen von morgen ... 67
❀ Mehr Energie duch mehr Wissen ... 67
❀ Stärken Sie Ihr Feinempfinden über die Sinne ... 67
Die goldenen Regeln der Energy-Cuisine ... 68
❀ Einkauf ... 68
❀ Was Sie stets im Auge haben sollten ... 69
❀ Zubereitung ... 70
Esskultur für den modernen Mensch ... 72
❀ Was sind Fatburner? ... 73
Auf die Bewegung kommt's an ... 73
Die Energy-Cuisine-Ernährungspyramide ... 74
Krankheiten mit einfachen Möglichkeiten verhindern ... 74
❀ So teilt man Fette ein ... 76
❀ Gutes Öl ist das A und O ... 76
❀ Richtiges Fett macht fit, nicht fett ... 78

Mehr Kraft für den Tag	79
❋ Ihr Lebensmittelkorb	80
Schützende und fördernde Extrakte in unseren Pflanzen	82
❋ Natürliche Antioxidanzien in Obst und Gemüse	84
❋ Die Bedeutung von MIneralien und Vitaminen	84
❋ So erhalten Sie die Vitamine bei der Zubereitung	84
Richtig Essen und Trinken	86
❋ Völlerei ist Gift für Ihren Körper	86
❋ Energieräuber zu schweres Essen	87
❋ Energieräuber Heißhunger/Nüchternschmerz	87
❋ Energieräuber geringe Flüssigkeitszufuhr	89
Genussvolles Essen hält jung und gesund (Dr. Alex Witasek)	89
❋ Was wir von unseren Vorfahren lernen können	90
Mit der richtigen Ernährung entgiften	92
❋ Zuerst entsäuern, entschlacken, entgiften	93
❋ Machen Sie regelmäßig einen „Ölwechsel"	94
❋ Mit der Energy-Cuisine vorbeugen und aufbauen	95

Energy-Cuisine in der Praxis

Der optimale Tag: Frühstück, Mittagessen, Abendessen	98
Grundrezepte zum Abwandeln	98
Frühstück	101
Brot und Fladen aus Vollkorngetreide	111
Energy-Aufstriche und Eingelegtes	115
Mittagessen	121
Abendessen	161
Energiereiche Getränke und Gewürzmischungen	165
Rezepteregister	175

Vorwort

Energy-Cuisine ist ein neues Ernährungskonzept für moderne Menschen, die vorbeugen und ihre Leistungsfähigkeit lange erhalten wollen, um dadurch mehr Kraft für den Alltag zu erhalten. Neueste, wissenschaftliche Erkenntnisse der Ernährungsmedizin werden dabei berücksichtigt.

Ein gesunder Geist braucht einen gesunden Körper. Daher ist die Verdauung für uns das Zentrum der Körperenergie. In der Mitte liegt die Kraft. Wie oft treffen wir Entscheidungen aus dem Bauch heraus – und meist sind diese die besten.

> **Zitat**
> Alle intelligenten und wunderbaren Gedanken wurden bereits gedacht, es ist nur notwendig, nochmals an sie zu denken.
> (Goethe)

Um die optimale Basisenergie zu erreichen, ist es erst einmal wichtig, dass unser Verdauungstrakt gereinigt, entgiftet und entschlackt wird. Erst dann können wir neue Energiequellen – ohne große Verluste – maximal aufnehmen. Damit unser Körper reibungslos funktioniert, muss zunächst einmal „sauber gemacht" werden.

Eine hochwertige Ernährung ist die beste Voraussetzung, um die „Maschine Mensch" zu stärken und um das beste „Verdauungsfeuer" und die Selbstheilungskräfte mit dem besten „Brennstoff" zu aktivieren. Da wir Menschen nicht alle auf Gleiches gleich reagieren, nimmt der Körper diesen Energie-Brennstoff – je nach Konstitutionstyp – unterschiedlich auf und verwertet ihn anders.

Günstige Kohlenhydrate mit niedriger glykämischer Last haben sich beim Kampf gegen Übergewicht bestens bewährt, da sie für eine bessere Fettverbrennung sorgen. Achten Sie auch auf günstige Eiweiße und Fette, damit Ihr Körper optimal arbeiten kann.

Einen neuen Ansatz in der energiereichen, lebendigen Nahrung liefern uns die Biophotonen. Wissenschaftlich erforscht heben sie den Stellenwert eines gut gereiften „Lebensmittels" zur richtigen Zeit und gehören zu einer präventiv gesunden Ernährung.

Lebensmittel hatten und haben nicht nur in der fernöstlichen Medizin große Bedeutung, sondern auch bei uns. Sie sind die besten Energielieferanten und beeinflussen massiv unser Feinempfinden. Achten Sie deshalb auf gut ausgereifte Qualität und wertschonende Zubereitung.

Neu bei der Energy-Cuisine ist die Einbeziehung unserer „inneren Uhr" (Chronobiologie) sowie den Lauf der Jahreszeiten. Es liegt also nahe, die Energy-Cuisine mit den einfachen und logischen Rhythmen der Verdauungsorgane zu verknüpfen. Jedes Organ hat maximale und minimale Leistungen zu unterschiedlichen Tageszeiten. Achten Sie darauf, dann werden Ihre Kräfte optimal genützt.

Die zusätzliche Balance im Säure-Basen-Haushalt hilft Ihnen, gesünder, vitaler, schöner und leistungsfähiger zu werden und zu bleiben.

Ein nicht zu unterschätzender Ansatz ist die Bedeutung der Libido und ein gesunder Schlaf. Sie finden in diesem Buch einfache Ratschläge für den Alltag, philosophische Gedanken zum Auftanken, energiespendende Lebenshilfen, individuelle Bewegungstipps und viele natürliche „kräftigende Essenzen" zum Selbermachen.

Im Rezeptteil haben wir Anregungen und Tipps für das gesunde energiereiche Frühstück, Mittag- und Abendessen für sie zusammengestellt. Aufbauend auf der neuen Energy-Cuisine-Ernährungspyramide stellen wir Ihnen zahlreiche Grundrezepte vor. Tauschen Sie die einzelnen Zutaten je nach Jahreszeit aus und kombinieren und ergänzen Sie sie entsprechend der unterschiedlichen Menschen- und Energietypen. Zudem können Sie die heimische Küche mit interessanten, erhitzenden oder kühlenden Gewürz-Kombinationen aus der westlichen und östlichen Küche mischen. Das alles – und vor allem ein besserer Umgang mit dem Abendessen – soll zu Ihrem Wohlbefinden und Schlankwerden beitragen.

Wir wünschen Ihnen viel Freude und Spaß beim Lesen und natürlich gutes Gelingen beim Umsetzen!

Peter Mayr   Andreas Wieser

Alles über

Energy-Cuisine

Wozu Energy-Cuisine?

Die Anforderungen an unseren Körper nehmen ständig zu. Gleichzeitig wird Gesunderhaltung immer teurer. Verschiedene Gesundheitsreformen, kompetitives Verhalten in der Gesellschaft und am Arbeitsplatz fordern Leistungsbereitschaft, Vitalität und Fitness. Energie und Ausstrahlung ist das oberste Gebot. Und wie gewinnt man am besten Energie? Unter anderem durch die richtige Ernährung. In diesem Buch finden Sie Ihr individuelles Patentrezept. Jedes Rezept besteht aus einem abwandelbaren Grundrezept, es ist also so zusammengestellt, dass es sowohl die verschiedenen Menschentypen als auch den Jahreskreis berücksichtigt. Sie brauchen nur einige Zutaten austauschen, evtl. andere Gewürze dazugeben oder weglassen. Sie werden die für Sie richtige Lösung finden, die Ihnen die optimale Energie bringt. Und das heißt: Weg vom üblichen Ernährungsdenken und hin zu mehr Qualität, besserem Eiweiß, besseren Kohlenhydraten und Fetten. Wir zeigen Ihnen, wie Sie einfach und besser leben können. Sie werden herausfinden, zu welchem Energie- und Konstitutionstyp Sie gehören. Die Fragebögen ab Seite 43 verraten Ihnen, in welche Kategorie Sie gehören. Dementsprechend kochen Sie die jeweiligen Speisen dann länger oder kürzer. Sie sind milder oder etwas schärfer im Geschmack, wirken heiß oder kühlend auf Ihren Körper. Wir bieten Ihnen die entsprechenden Grundrezepte – aufgelistet nach den vier Jahreszeiten und den vier unterschiedlichen Energie-Konstitutionstypen – bei denen unsere regionalen Produkte berücksichtigt werden und die auch leicht nachzukochen sind. Mit einfachen Gewürzen und Zutaten machen Sie daraus Ihre Power-Kost. So haben Sie mehr vom Leben, sind zufriedener, glücklicher, schöner und aktiver und bleiben rundum leistungsfähig. Und – das Ganze ist auch noch mit viel Spaß und leckeren Mahlzeiten verbunden.

Wie setzt sich die Energy-Cuisine zusammen?

▶ Aus neuen Erkenntnissen der Biophotonenforschung
▶ Aus verschiedenen Nahrungs-Energiequellen
▶ Aus dem F.X.-Mayr-Entgiftungsprogramm
▶ Aus der Berücksichtigung der glykämischen Last zur besseren Fettverbrennung
▶ Aus der Säure-Basen-Balance zum Entsäuern
▶ Aus der EC-Ernährungs-Pyramide
▶ Aus der Chronobiologie für einen harmonischen Körperrhythmus.

Damit wird das Beste aus alten, traditionellen und neuen Forschungsergebnissen hinsichtlich Ernährung und Ernährungsverhalten berücksichtigt und zusammengeführt.

Was ist das Besondere an der Energy-Cuisine?

▶ Das Besondere ist die kunstvolle Verknüpfung aus fernöstlicher und westlicher Ernährungsmedizin mit einer ordentlichen Darmreinigung und anschließendem Energieaufbau. Der jeweilige individuelle Verdauungsorganismus wird den verschiedenen Konstitutions-Menschentypen mit ihren vielfältigen Charaktereigenschaften, Stärken und Schwächen zugeordnet.
▶ Die Energy-Cuisine aktiviert die Selbstheilkräfte
▶ Sie wirkt gesund erhaltend durch Regenerationsimpulse
▶ Sie baut Stress ab und produziert Glückshormone
▶ Die Energy-Cuisine macht Sie schöner und jünger durch innere Reinigung und Ausstrahlung
▶ Sie wirkt beruhigend und trotzdem dynamisch
▶ Sie wirkt aphrodisierend durch Hormone und Bioflavonoide
▶ Sie fördert die Konzentrationsfähigkeit und Gedächtnisleistung
▶ Sie gibt mehr Energie und Zufriedenheit (Happyness)

Wozu Energy-Cuisine?

- Sie bewirkt die ideale Zufuhr von natürlichen Antioxidanzien gegen freie Radikale
- Sie tauscht Körperfett gegen Muskelsubstanz mit Langzeiterfolg
- Die Energy-Cuisine verbessert Ihr Wohlbefinden und Ihren Allgemeinzustand

Wie funktioniert die Energy-Cuisine?

Mit Energy-Cuisine können Sie Ihren Körper entgiften und entschlacken. Damit wird er deutlich entlastet und braucht weniger Grundenergie, weil belastende, Energie raubende Ablagerungen verschwinden. (Das ist wie bei einem Staubsauger, bei dem der Staubsack schon ziemlich voll ist und er nur noch wenig aufnehmen kann. Er braucht mehr Strom für schlechtere Leistung.) Gleichzeitig wird der Körper mit dem Erlangen der optimalen Basisenergie mit weniger Nahrungsenergie besser funktionieren. Er wird gerüstet für beste Funktion über die Verdauung und für optimale Stoffwechselleistung zur besten Leistungsenergie. Erst damit erreichen Sie die Voraussetzungen für ein gut funktionierendes Verdauungssystem und somit Ihre optimale Körperenergie mit individuellem Grundumsatz und Leistungsumsatz.

Beruf, Alter, Größe, Geschlecht und Konstitution sind hier zusätzlich zu berücksichtigen. Danach können alle weiteren Ernährungs- und Verhaltensformen nach unterschiedlichen Menschentypen berücksichtigt werden, die für die Gesundheit von Körper, Geist und Seele Voraussetzung sind.

Zitat
Ernährung ist die älteste Form der Medizin in allen großen Heilsystemen.

Die Elemente der Energy-Cuisine

Die Kleinkraftwerke unserer Vitalität

Sonnenlicht als Energiespeicher

Alle Energie, die wir in unseren Körper aufnehmen, kommt von der Sonne. Über die Nahrungskette nehmen wir als wichtigsten Ernährungsbestandteil Licht in uns auf, und genau diese Lichtenergie wird in den Zellen gespeichert. Die Lichtenergie besteht aus Struktur-, Ordnungs- und Informationsfunktionen, die wesentlich die Regeneration der Zellen, die Zellstrahlung, die Selbstheilungs- und Selbst-Optimierungsprozesse beeinflussen. Der Mensch, so behauptet der Biophysiker Prof. Popp, ist „nicht Fleischesser oder Vegetarier, sondern vor allem ein Lichtsäuger". Alles, was lebt, speichert Sonnenlicht mit seinen Photonen.

Energy-Cuisine und Biophotonen

Energy-Cuisine in Verbindung mit Biophotonen heißt: Qualitätsvolle, sonnengereifte Lebensmittel nach Jahreszeit gekauft, kurze Zeit richtig gelagert, mit der optimalen Küchentechnik und einer liebevollen Einstellung zubereitet, mit Freude angerichtet und in harmonischer Stimmung genussvoll gegessen.

Je mehr unsere pflanzliche Nahrung sonnengereift ist bzw. Lichtenergie speichert, umso eher können wir die darin enthaltene Kraft und Energie aufnehmen.

Wir alle benötigen eine gesunde Ernährung, genügend Sauerstoff und ausreichende Bewegung. Das sind die wichtigsten Grundbausteine für

Die Elemente der Energy-Cuisine

Gesundheit und Wohlbefinden. Erfolgreich nutzen kann der Körper beides aber nur dann, wenn auch sein inneres Ordnungssystem, sein Seelenleben, mit der notwendigen Lebenszufriedenheit richtig eingestellt ist. Die Voraussetzung dafür ist ausreichendes und richtiges Licht, also jenes, das das volle Farbspektrum, rhythmische Farbwechsel und alle elektromagnetischen Schwingungen enthält: eben natürliches Sonnenlicht.

Unter Energieküche verstehen wir aber primär nicht die allgemein bekannten Kalorienberechnungen von Eiweiß, Fett und Kohlehydraten, die man dazu verwendet, um Energie berechnen zu können. Wir denken dabei an das natürliche Licht, an die Sonnenkraft und die Lebendigkeit der Lebensmittel, die dazu verwendet werden, um gutes, qualitätsvolles Essen zu produzieren.

Das heißt, wir brauchen mehr natürliche, sonnengereifte Lebensmittel, damit wir die unsichtbare Energie der Sonne mit den Speisen in die Zellen unseres Körpers aufnehmen können. Das sind die so genannten Biophotonen, die Lichtenergie in unseren Lebensmitteln.

Von Pflanzen weiß man seit langem, dass sie für ihren Stoffwechsel nicht nur Luft, Nährstoffe und Wasser brauchen, sondern auch Sonnenlicht. Die ‚Antenne', über die sie das Licht aufnehmen können, ist das lichtabsorbierende Pigment Chlorophyll. Das Licht wird in die Zellen aufgenommen und dort gespeichert. Durch das Einwirken des Sonnenlichtes verbinden sich in der Pflanze Wasser und Kohlendioxid zu Glukose, dem elementaren Nahrungsmoment aller – nicht nur pflanzlicher, sondern auch tierischer und menschlicher – Zellen. Vom Gesichtspunkt des Lichtes her gesehen haben Pflanzen die niedrigste

Die Kleinkraftwerke unserer Vitalität – die Biotophonen

Ordnung, Tiere eine höhere. Das gilt auch für das Eiweiß bzw. die Aminosäuren. So wie die Pflanzen brauchen alle biologischen Systeme Sonnenlicht für ihre Existenz. Dazu gehört auch der Mensch. Grundsätzlich kann man sagen, dass alle chemischen Reaktionen durch Photonen gesteuert werden, also physikalisch gesehen Quantenaustauschprozesse sind.

Denken Sie an die Kühe, die im Sommer auf der Wiese weiden, sie nehmen die Sonnenenergie auf und ihre Milch ist voller Leben. Alle Tiere, die artgerecht gehalten werden, laden diese Informationsenergie in sich auf und das Fleisch dieser Tiere wird uns mit den besten Nährstoffen und guter Energie versorgen. Ganz gleich, um welche tierischen oder pflanzlichen Lebensmittel es sich handelt, immer ist Voraussetzung, dass artgerechte, natürliche Bedingungen herrschen.

Die Sonnenenergie und das damit verbundene Licht sind unsere Informationen für die Zellen. Wir Menschen laden damit unsere Batterien wieder auf. Denken Sie an die Winterzeit: In der kalten Jahreszeit müssen wir oft die Nebelgrenze verlassen, um nicht depressiv zu werden, weil uns das Licht fehlt. Sobald die Sonne aber unsere Haut bescheint, tanken wir wieder Energie und sind fröhlicher und zuversichtlich. Auch der Glücksbotenstoff Serotonin hängt mit dem Licht zusammen. Sobald die Sonne schwindet und das Licht weniger wird, beginnt der Abbau von Serotonin.

Früher musste man sich über Licht und Sonne weniger Gedanken machen, der Mensch lebte nach und in der Natur. Heute versuchen wir allzu oft, den Rhythmus der Natur zu verändern und wollen nicht begreifen, dass wir dabei den Kürzeren ziehen, weil die Naturgesetzlichkeiten immer stärker sind.

Die gespeicherte Energie in den Lebensmitteln muss also soweit wie möglich in den Produkten erhalten bleiben. Achten Sie daher in der Praxis immer darauf: Alles was verdirbt, beinhaltet Lebendigkeit; umgekehrt ist alles das, was nicht verdirbt, meist chemisch behandelt.

Info

Der Mensch kann nicht gesund bleiben, wenn er sich mit wertlosen Nahrungsmitteln und Halbfertigprodukten ernährt.

Die Urkräfte des Lebens

Die Urkräfte des Lebens befinden sich in unseren Lebensmitteln. Dieses Wissen war auch Grundlage der ältesten Medizinsysteme der Welt. Sowohl im Ayurveda als auch in der Traditionellen Chinesischen Medizin (TCM) ist die heilende Kraft der Nahrung bekannt. Die gut 3000 Jahre alte TCM wird deshalb auch bei uns immer bekannter und beliebter. Nicht nur, weil die Schulmedizin von vielen Patienten zunehmend kritisch gesehen wird, sondern weil der untrennbare Zusammenhang von Körper, Geist und Seele immer mehr bekannt wird. Wenn die Lebensenergie Qi im Körper ohne Störungen fließt und Yin und Yang im Gleichgewicht sind, ist der Mensch gesund.

Auch im europäischen Kulturkreis sind diese Erkenntnisse schon seit langem wesentliche Bestandteile der F.X.-Mayr-Medizin. Das hat auch uns dazu veranlasst, uns vermehrt mit wichtigen Nahrungsenergiequellen auseinander zu setzen.

> **Zitat**
> Der Glaube ist es, der die wahren Wunder wirkt.
> (Paracelsus)

Wir müssen also lernen, unsere allgemeine Lebensführung wieder mehr in Übereinstimmung mit den Gesetzen der Natur zu gestalten. Der Einklang von Körper und Geist mit den natürlichen Kräften und den Jahreszeiten muss auch für uns die Essenz einer vorbeugenden Medizin werden.

Der Arzt in der Küche und die Bedeutung der Lebensmittel

Ein Arzt, der nach den klassischen Regeln der modernen F.X.-Mayr-Medizin oder der TCM behandelt, erstellt seine Diagnose durch Betrachten, Fragen, Hören, Betasten und Riechen. Zentral dabei ist ein ausführliches Patientengespräch. Für den Arzt sind die körperlichen Beschwerden, das allgemeine Befinden sowie Gewohnheiten und Vorlieben interessant und wichtig. Welche Beschwerden gibt es? Wie sieht es mit der Ernährung aus? Hat der Patient bestimmte Vorlieben, was das Essen betrifft, oder starke Abneigung gegenüber manchen Speisen? Wie sieht es mit der Verdauung und dem Schlafbedürfnis aus? Friert der Mensch leicht oder schwitzt er schnell? Wichtige Indizien für den Arzt sind auch der Körpergeruch, die Stimme oder die Art, wie sich der Patient oder die Patientin bewegt.

Diese Vorgehensweise kann unseren Ärzten nur ans Herz gelegt werden und sollte auch Sie dazu veranlassen, mehr auf Ihren „inneren Arzt" zu hören und nach Ihren ganz persönlichen Empfindungen zu urteilen, was das Essen und die Verträglichkeit betrifft. Achten Sie daher auch immer sehr genau auf die Zubereitungsmethode, die sowohl „leicht" als auch „schwer" sein kann.

Wir alle sollten uns aber zunehmend mit den Wirkungen verschiedener Lebensmittel und Kräuter befassen. Wir müssen lernen, mehr Wert auf eine genussvolle, gesunde Nahrung zu legen, die Sie zur Freude für Körper, Seele und Geist in entspannter Gemeinschaft genießen sollten. Das offene Feuer, der Ofen oder der Herd in der Mitte des Hauses – in der Küche – und die davon ausgehende Energie sollte wieder das Zentrum der Begegnung werden.

Achten Sie auch vermehrt auf eine ästhetische Gestaltung der Speisen, um Auge und Herz zu erfreuen. Ein kunstvoll komponierter Geschmack wird Ihren Gaumen und Ihre Sinne stimulieren. Die Energie qualitätsvoller Lebensmittel wird Körper, Seele und Geist im Gleichgewicht halten. Am Esstisch können sich neue Horizonte eröffnen, es finden Entlastung und Austausch statt.

Tief verwurzelt sitzt auch in unserem Bewusstsein die Erfahrung, dass Nahrung nicht nur Leben erhält, sondern auch spezifische Wirkungen entfaltet. Leider wird diesem Gedanken zumeist erst dann Beachtung geschenkt, wenn es bereits um Erkrankungen, Unverträglichkeiten oder Allergien geht.

Die Philosophie der Nahrung

In der westlichen Ernährungslehre und Diätetik befassen wir uns mit immer detaillierteren Analysen der Nahrungsbestandteile. Kalorien werden mühsam gezählt, Vitamine und Spurenelemente gemessen und Tagesrationen bestimmt, anstatt dass wir uns fragen:
- ▶ Welche Energie spendet dieses Lebensmittel?
- ▶ Welche Körperbereiche versorgt es?

Gerade dieser energetisch betonte Blickwinkel sollte für unser Wohlbefinden wichtiger werden.

Energiemangel macht krank

Krankheit entsteht dann, wenn ein Organ einen Energiemangel oder Energiestau aufzeigt. Von der Akupunktur über Pflanzenextrakte bis hin zur Ernährung wird daher versucht, das Energiegleichgewicht wiederherzustellen. Am besten wirkt eine Therapie meist, wenn verschiedene Methoden kombiniert werden. Im Unterschied zu unseren westlichen Modellen aus Medizin und Biologie (Wirkstoffe) beschäftigte sich die chinesische Medizin immer schon schwerpunktmäßig mit der Kraft der Energie. Diese Erkenntnisse machen wir uns in der Energy-Cuisine zunutze: Eine klug gewählte und richtig zubereitete Nahrung ist für uns alle die Basis und Essenz unseres Lebens.

Auch durch die fünf Elemente der TCM – Holz, Feuer, Erde, Metall und Wasser – können wir lernen, die vielfältigen Wechselbeziehungen zwischen den verschiedenen Organen, Sinnen, Körperstrukturen und Emotionen im menschlichen Organismus sowie zwischen Mensch und Umwelt im Zyklus der Jahreszeiten genauer zu betrachten. Das ist heilsam, da wir bereits den Rhythmus verloren und verlernt haben, uns nach den Jahreszeiten zu richten.

Ein Element ist das Feuer, es verbrennt den emotionalen Abfall aus jedem Energiefeld, das auf den Geist wirkt. Ein weiteres Element ist Erde – das Stimmen auf das Erdelement beinhaltet die Praxis des freiwilli-

> **Info**
>
> Der Arzt hat in den Augen des Kranken drei Gesichter. Das Gesicht eines Engels, wenn er ans Krankenbett tritt und helfen soll, das eines Gottes, wenn er geholfen hat, und das eines Teufels, wenn er die Rechnung schickt.

gen Fastens, die Meisterschaft über die Nahrungsaufnahme und Gymnastik. Das Stimmen auf das Element Luft erfolgt durch bewusstes Energieatmen. Indem man das Einatmen mit dem Ausatmen verbindet, tief und gleichzeitig sanft atmet, bis man in die Erfahrung eintaucht, geatmet zu werden. Das nächste Element ist Wasser – Baden, lange heiße Bäder stimulieren, sie gleichen die Energiefelder des Körpers wieder aus, bringen sie zurück ins Gleichgewicht und lösen die emotionale „Energieverschmutzung".

Info

Wir können uns durch das tägliche Essen krank machen oder auch stärken und gesund erhalten.
(Paracelsus)

Entgiften als Grundlage für neue Energien

Dr. med. Franz Xaver Mayr (1875–1965), der Pionier des Entgiftens, ist der Begründer der nach ihm benannten Diagnostik und Therapie. Seine genialen ärztlichen Konzepte, insbesondere seine naturgemäße Darmreinigung und seine aktive Gesundheitsvorsorge, waren unserer Zeit weit voraus.

Die diagnostisch-therapeutische Methode nach F.X. Mayr ist ein natürliches ganzheitliches Heilverfahren. Die Mayr-Therapie ist eine intensiv-diätetische Behandlung. Sie dient der aktiven Gesundheitspflege für einen besseren Allgemeinzustand wie auch der Verbesserung der Selbstheilungskräfte oder Heilung von Verdauungs-, Stoffwechsel- und vielen anderen Leiden. Im Vordergrund steht hier die Darmentgiftung, -entschlackung und -reinigung. Dies wirkt sich sowohl zur Erlangung einer optimalen Verdauungsleistung und dadurch zu

einer besseren, energiesparenden Grundleistung, als auch regenerierend auf Blut und Körpersäfte, Zellen und Gewebe aus. Die Mayr-Therapie aktiviert die Selbstheilungskräfte des Organismus und stellt ein umfassendes ganzheitsmedizinisches Heilverfahren dar.

All diese Erkenntnisse sind, ebenso wie die bewährten Methoden der TCM, in die Energy-Cuisine mit eingeflossen, um zu einer maximalen Steigerung an Fitness, Leistungsfähigkeit und Vitalität zu gelangen.

Weg mit dem Körperfett durch die richtigen Kohlenhydrate

Wenn zwei Menschen jeden Tag genau die gleiche Nahrung mit der gleichen Kalorienmenge verzehren, kann es vorkommen, dass nach einigen Jahren der eine übergewichtig ist, der andere aber nicht. Die Ursache dafür? Der eine produziert zu viel Insulin, der andere nicht. Man spricht von guten und schlechten Futterverwertern. Was nun neu dazukommt, ist die weitere Erforschung der glykämischen Last, die ein wesentlich vollständigeres Bild vermittelt.

Auf Grund neuer Erkenntnisse zum Einfluss der glykämischen Last und Kohlenhydratkost empfehlen die führenden Ernährungsforscher der Harvard-Universität, Willett und Stampfer, einen Umbau der klassischen Ernährungspyramide. Dabei spielen die Neubewertung der „guten" Fette (einfach ungesättigte Fettsäuren und Omega-3-Fettsäuren) und die differenzierte Einstufung der Kohlenhydrate nach dem glykämischen Index bzw. der glykämischen Last eine wichtige Rolle. Beide sind der Meinung, dass die herkömmliche Ernährungspyramide mit der breiten Basis aus Getreideprodukten, Kartoffeln und Reis eine Anleitung zur risikohaften Fehlernährung ist.

Für Sie ist es wichtig zu verstehen, dass der größte Teil der glykämischen Last in der Ernährung aus Brot, Kartoffeln, Reis, Nudeln und gesüßten Getränken kommt. Durch die Verminderung der glykämischen Last verbessern sich nach jüngsten kontrollierten Interventionsstudien insbesondere bei insulinresistenten Patienten sowohl die Fettstoffwechselwerte als auch der Blutzucker.

Zitat

Es gibt kaum einen Menschen, der so gesund ist, dass er nicht durch zeitweises Einschränken oder Ausschalten seiner üblichen Ernährungsweise noch gesünder, leistungsfähiger, arbeits- und lebensfroher werden könnte.
(F.X. Mayr)

Interessant zu wissen

In einer breit angelegten Diskussion wird gerade in den USA an der Revision der klassischen Ernährungspyramide gearbeitet. Nach dem Vorschlag von Prof. Ludwig (Harvard-Universität) sollten an der Basis der Ernährungspyramide Obst, Gemüse, Salat und gute Fette stehen, darüber Eiweiß (mageres Fleisch, Fisch, Geflügel, Milchprodukte, Nüsse) und erst darüber die Kohlenhydrate aus Nudeln, Reis oder Vollkornprodukten. Möglichst vermeiden sollte man gesüßte Industriegetränke wie Cola-Getränke oder Limonaden, Weißbrot, Kuchen, Torten, süßes Gebäck, Zucker, Pommes frites und fette Bratkartoffeln.

Auch Dr. Nicolai Worm, der als Kritiker der gängigen Ernährungslehre gilt, schreibt in seinem Buch „Glücklich und schlank": „Eine Einteilung in gute und schlechte Kohlenhydrate, in Dickmacher und Schlankmacher nach dem glykämischen Index, ist in der Tat nicht der Weisheit letzter Schluss. Der glykämische Index zeigt nämlich nur die halbe Wahrheit.

Er wurde ursprünglich für Forschungszwecke erarbeitet und nicht zur Bewertung der täglichen Ernährung. Der Glyx bezieht sich immer auf Nahrungsmittelportionen à 50 g Kohlenhydrate und nicht auf 50 g Lebensmittel. Und das ist ein gewaltiger Unterschied. Um beispielsweise den glykämischen Index von gekochten Karotten zu überprüfen, mussten die Versuchsteilnehmer im Forschungslabor exakt so viele Karotten essen, dass sie mit diesem Gemüse die geforderte Menge von 50 g Kohlenhydraten erreichten. Das waren 1,6 kg Karotten pur und in einer Portion! Das zeigt uns, wie wenig Relevanz der glykämische Index für die Praxis hat. Denn viel interessanter und wichtiger ist für den Verbraucher doch die Blutzuckerwirkung, die eine durchschnittliche Beilagenportion Karotten auslöst. Diese entspricht in der Praxis etwa 100–150 g."

Fürchten Sie sich also nicht vor Karotten und Kartoffeln – es ist völlig absurd, denn Sie müssten 8 Kilo Karotten essen, um auf einen Bedarf

Zitat

Es gibt im menschlichen Organismus kaum ein Organ, Gewebe oder Funktionselement, das nicht durch Übersäuerung gestört oder geschädigt werden kann, und das nicht durch Entsäuerung wieder gebessert würde. (Dr. med. Berthold Kern)

von 2000 Kilokalorien am Tage zu kommen! Genauso wenig spricht gegen eine halbe gebackene Kartoffel als Beilage oder ein kleines Stück Baguette, die im glykämischen Index einen sehr hohen Wert aufweisen. Zudem wissen wir, dass jeder Mensch unterschiedlich reagiert und daher die Werte nicht 1 : 1 übernommen werden können. Die Qualität des Produktes, die Kombination mit anderen Lebensmitteln, die Esskultur, die individuelle Verdauungskraft, die Stimmung, all diese Faktoren spielen hier mit hinein. Seien Sie beruhigt, solange Sie nur kleine Portionen davon essen, fällt weder die Blutzuckerwirkung noch die Kalorienmenge ins Gewicht!

So berechnen Sie die glykämische Last

Da es sich bei den Werten des glykämischen Index streng genommen um Prozentangaben handelt, muss man den Index für die Berechnung der glykämischen Last immer durch 100 teilen:

Glykämischer Index / 100 × Gramm Kohlenhydrate

Beispiele:

Der aktualisierte glykämische Index von Karotten liegt bei 47

100 g = 4,8 g Kohlenhydrate

0,47 × 4,8 = 2,3

Die glykämische Last pro 100 g ist also 2 (abgerundet)

Der glykämische Index von gebackenen Kartoffeln liegt bei 85

100 g = 18 g Kohlenhydrate

0,85 × 18 = 15,3

Die glykämische Last pro 100 g ist also 15 (abgerundet)

Der glykämische Index von Weißbrot liegt bei 70

100 g = 48 g Kohlenhydrate

0,70 × 48 = 33,6

Die glykämische Last pro 100 g ist also 34 (aufgerundet)

In der Energy-Cuisine wird die glykämische Last der Nahrung berücksichtigt und nicht der glykämische Index. Das ermöglicht auch eine größere Flexibilität in der Ernährung (siehe Tabelle Seite 26).

Umgekehrt heißt das aber nicht, dass Sie Lebensmittel mit niedriger glykämischer Last in beliebigen Mengen verzehren sollen. Auch beim Vollkornbrot gilt es sich zu mäßigen, denn viel Vollkornbrot enthält nun mal viele Kohlenhydrate, die im Verdauungstrakt mithilfe entsprechender Insulinmengen verwertet werden müssen. Und so werden aus den angeblich so guten Kohlenhydraten, den vermeintlichen Schlankmachern und Fatburnern ganz schnell Insulin-Locker hohen Grades und damit Dickmacher. Das Speicherhormon Insulin behindert das Abnehmen.

Kaufen Sie beste Qualität, bereiten Sie wertschonend zu, richten Sie appetitlich an und genießen Sie Ihr Essen in Ruhe.

Unsere Energy-Cuisine berücksichtigt die leichteste Form der Kohlenhydrate in einem ausgewogenen Verhältnis zum Jahreskreis. Die Rezeptvorschläge und die unten angeführte Tabelle helfen Ihnen dabei, die günstigen Kohlenhydrate zu finden, die Sie nicht unnötig belasten und bei entsprechender Bewegung Übergewicht verhindern. Der Glyx richtet sich bei günstigen Kohlenhydraten bis 54.

Eiweiß – das richtige Maß macht's

Eiweiß ist der wichtigste Baustein des Kollagens, aus dem viele Bestandteile des Bewegungsapparates bestehen. Eine ungenügende Proteinzufuhr über die Nahrung schwächt das Immunsystem und die Abwehrkraft, fördert Bindegewebsschwäche, Muskelabbau, Organsenkungen, Haarausfall, Kälteempfindlichkeit und zahlreiche Fehlfunktionen von Organen.

Eine zu hohe Proteinzufuhr, insbesondere in Kombination mit schlechten Kohlenhydraten, führt zur Säurebelastung, Ablagerung saurer Verbindungen in den Zwischengeweben bis hin zur Eiweiß-

Glykämischer Index

Getreideprodukte	GI	GL
Hirse	71	17
Kuskus	65	15
Haferflocken	42	32
Cornflakes	84	72
Reiswaffeln	82	66
Weizenflocken	69	57
Mais-Chips	73	46
Buchweizen	54	11
Weizen-Salzstangen	67	41
Reis und Nudeln, gekocht		
Naturreis	55	12
Langkornreis	56	15
Weißer Reis, geschält	64	23
Basmati-Reis	60	15
Arborio-Reis	69	24
Parboiled-Reis	47	11
Spaghetti al dente	38	10
Makkaroni	47	13
Linguine	46	12
Kartoffelprodukte		
Gekochte Kartoffeln	75	11
Gebackene Kartoffeln	85	15
Kartoffelchips	54	23
Pommes frites	75	15
Brot		
Baguette	95	49
Weißbrot	70	34
Weizen-Vollkornbrot	71	32
Roggen-Vollkornbrot	58	32
Roggen-Knäckebrot	65	53
Weizen-Tortillas	30	16
Pumpernickel	50	21

Gemüse	GI	GL
Pastinaken	97	19
Karotten	47	4
Mais, frisch	54	12
Kürbis	74	4
Rote Bete	64	6
Süßkartoffeln	61	11
Yam-Wurzeln	51	11
Milchprodukte		
Vollmilch	27	1
Joghurt	33	6
Magermilch	32	1
Milchspeiseeis	61	14
Süßes		
Würfelzucker	68	68
Laktose	46	46
Honig	55	39
Fruchtbonbons	70	68
Snickers	55	32
Twix	44	28
Nugat	32	13
Nutella	33	19
Fruktose	19	19
Vollmilchschokolade	43	24
Hülsenfrüchte		
Erbsen	48	4
Linsen	29	3
Grüne Bohnen	38	8
Sojabohnen	18	1
Kidney-Bohnen	28	5
Sojadrink	44	8

Glykämische Last GL = Glykämischer Index GI x Kohlenhydratanteil pro 100 g-Portion.

Als Referenz dient Glukose mit einem GI von 100 (modifiziert nach Worm).

mast. Wenn wir nämlich zu viel Proteine essen, beispielsweise Fleisch, und auch noch kombiniert mit anderen ungünstigen Kohlenhydraten wie Kartoffeln, Knödeln, Nudeln und Brot, dann vollzieht sich der gleiche Vorgang, wie wenn wir zu viele Kohlenhydrate alleine verzehren. Es wird das Speicherhormon Insulin abgerufen, das die Abschiebung der Proteinüberschüsse in Zwischengewebe oder letztlich die Umwandlung in Fett besorgt. Da Eiweiß aus Aminosäuren besteht, stellt jede Proteinzufuhr auch eine Säurezufuhr dar. Und jede Abschiebung von Proteinüberschüssen in die Gewebe fördert deren Übersäuerung, Harnsäureablagerung, Gicht, Entstehung rheumatischer Erkrankungsformen, Gewebeverschlackung und anderes mehr.

Die beste Entlastung Ihres Verdauungstraktes erreichen Sie durch Trennkost – also zu Fisch oder Fleisch nur Gemüse als Beilage.

Kombinieren Sie sinnvoll

Sinnvoll sind alle Kombinationen mit günstigen, basenspendenden Lebensmitteln nach dem Prinzip der Trennkost, mit Salat, Gemüse, Küchenkräutern und kaltgepressten Ölen, was zudem auch verdauungserleichternd wirkt.

Als sinnvolle Mengenverteilung gilt: $1/3$ säurespendende Kost (also Proteine) und $2/3$ günstige, basenspendende Kohlenhydrate.

Auf die Menge kommt es an

Jedes Essen, dessen Menge den Bedarf des Organismus übersteigt und besonders jedes und häufiges Zuviel an Kohlenhydraten und/ oder Proteinen wird entweder im Darm durch Gärungs- und Fäulnisprozesse toxisch zersetzt oder in Fett umgewandelt und macht fett; oder es wird als Schlacke abgelagert und führt zu chronischer Übersäuerung von Geweben, Gelenken und Organen.

Wichtig: Eine kleine fetthaltige Vorspeise wie Salat mit gutem Öl oder in Öl eingelegtes Gemüse, Avocado, Pilze, Oliven oder Nüsse verlängert den Aufenthalt von anschließend verzehrten Kohlenhydraten im Magen. So werden überschüssige Insulinausschüttungen vermindert oder verhindert.

Die Elemente der Energy-Cuisine

Ist unsere Esskultur in Gefahr?

Der Mensch ist, was er isst. Ohne bewusstes Essen kann es keine ganzheitliche Medizin geben. Es ist nicht so wichtig, was wir essen; viel wichtiger ist, dass wir es bewusst tun. Essen soll Freude und sinnlicher Genuss sein.

Fast-Food – Junk-Food – Fertigprodukte

Ist der Trend zu immer weniger qualitätsvollen Fertiggerichten, Fast-Food, Junk-Food und Halbfertigprodukten überhaupt noch aufzuhalten? Sind die Schnellimbisse mit Fertiggerichten der Untergang der Esskultur?

Die englische Welle überrollt uns. Immer mehr „Food-Designer", immer mehr Fertigprodukte: „Snacking" und „Finger-Food", „Functional-Food", „Anti-Fat-Food", „Anti-Aging-Food", „Clean-Food" usw. Immer mehr „Koch-Analphabeten" und Schein-Genießer! Immer mehr Mikrowellenküche, Pizza auf der Straße, Essen während der Arbeit, beim Telefonieren oder beim Autofahren – all das führt zur Verarmung der Esskultur und Tischsitten. Gesprochen wird so nebenbei mit vollem Mund. Nicht das Essen steht mehr im Vordergrund, sondern ausschließlich die momentane Beschäftigung.

Es ist schwierig, die Menschen davon zu überzeugen, dass dem Essen wieder ein größerer Stellenwert zugewiesen werden muss. Nie zuvor wurde ein so geringer Teil des Einkommens für die Nahrung aufgewendet wie heute. Immer mehr Köche beobachten diese Entwicklung mit großer Sorge und schließen sich bereits zu Vereinigungen zusammen, um gemeinsam gegen den fad schmeckenden „Einheitsbrei" der Halbfertigküchen anzukämpfen.

Lebensmittelzusatzstoffe, Glutamat und Streuwürze als Geschmacksverstärker, gehärtete, schlechte Fette, zu viel Kochsalz und viele weitere künstliche Aromen sorgen im wahrsten Sinne des Wortes für Geschmacklosigkeit. Die Esskultur geht mehr und mehr verloren, gegessen wird zwischen Tür und Angel, Hauptsache ist, man wird satt. Und in der Folge werden die Menschen immer dicker und plagen sich mit ihren Gelenken und ihrer Gesundheit.

Mein Tipp

Essen Sie Obst und Gemüse nur dann, wenn Saison ist, dann ist es voll ausgereift und schmeckt wunderbar.

Umdenken ist angesagt

Steht uns bald das Ende der bürgerlichen Küche bevor oder gibt es inzwischen einen Gegentrend?

Die Entwicklung ist günstig. Immer mehr Menschen möchten das Essen wieder zelebrieren und genießen und legen Wert auf hochspezifische Lebensmittel mit authentischem Charakter und Eigenheiten der Region. Von der Sonne voll ausgereiftes, frisches Gemüse und Obst hat einen unvergleichlichen Geschmack und ist nicht im Entferntesten mit dem zu vergleichen, was uns saisonunabhängig das ganze Jahr hindurch in Supermärkten angeboten wird. Kindern wird bereits in Kursen gelehrt, wie natürlich gereifte Lebensmittel schmecken. Traurig, aber wahr!

Was können Sie ändern?

Pflegen Sie die Rituale des Essens wieder mehr. Leben Sie Ihren Kindern vor, was gutes Essen und Tischkultur bedeutet. Schenken Sie natürlichen, sonnengereiften Produkten mit ihren Biophotonen wieder mehr Bedeutung. Fördern Sie die Zeit der gemeinsamen Zusammenkünfte und Gespräche bei Tisch. So werden Sie auch wieder mehr Sinn im Leben entdecken und glücklicher und zufriedener werden.

Die „Droge" Essen und Trinken gehörte immer schon zu den elementarsten Bedürfnissen des Menschen. Unsere Vorfahren waren oft den ganzen Tag damit beschäftigt, etwas Essbares zu jagen. Das brauchen wir heute zwar nicht mehr, wir sollten uns aber geregelte Zeiten dafür nehmen, um im Rhythmus der Natur zu bleiben, damit wir Körper, Geist und Seele befriedigen.

Die Elemente der Energy-Cuisine

Energieräuber, die Feinde unserer Basisenergie

Die Energy-Cuisine führt zu konstanter Basisenergie, die Sie bei Bedarf gezielt steigern können. Diese Basisenergie zu stärken und zu halten, ist also unser wichtigstes Ziel. Deshalb ist es besonders wichtig, auf so genannte Energieräuber zu achten und sie weitestgehend zu vermeiden. Grundsätzlich unterscheiden wir zwischen psychischen und körperlichen Energieräubern.

Psychische Energieräuber

Ursachen: Schwangerschafts-, Kindheits-, Erziehungseinflüsse.
Symptome: Angst, Hemmungen, Schuldgefühle, mangelndes Selbstwertgefühl, Beziehungs-/Partnerschaftsprobleme, Berufliche Probleme, berufliches Scheitern, Sorgen, Verzweiflung, Hass, Trauer.

Ursachen: Gesellschaftliche Anforderungen.
Symptome: Leistungsdruck, falsche Zielsetzung, Geistig-körperliche Entkoppelung, Reizüberflutung, Informationssucht.

Körperliche Energieräuber

Gifte: Umweltgifte, Nahrungsmittelchemie, Genussgifte, Schwermetalle, Medikamente, Haushaltsgifte.

Energetische Einflüsse: Radioaktivität, Elektrosmog, Geopathische Belastungen, Störfeldeinwirkungen.

Falsche Lebensweise: Falsches Essverhalten: zu schnell, zu viel, zu oft, zu spät, zu schwer, zu unregelmäßig. Überkonsum an Kohlenhydraten und schlechten Fetten = zu viel Omega-6-Fette. Mangel an Vitaminen, Spurenelementen, organischen Mineralstoffen, essenziellen Fettsäuren, Omega-3-Fettsäuren. Nahrungsmittelunverträglichkeiten. Übersäuerung.

All diese negativen Einflüsse können neben Appetitlosigkeit und Zufriedenheitsverlust auch Auslöser für Allergien sein.

Energieräuber Unverträglichkeiten

Nahrungsmittelunverträglichkeiten, Pseudoallergien und Allergien sind im Vormarsch und kosten den Betroffenen viel Basisenergie. Immer häufiger leiden die Menschen darunter. Eine echte Heilung von Allergien, die häufig durch eine verringerte Verdauungskraft bei gestörter Darmfunktion bedingt sind, geschieht daher nur über die Reaktivierung der geschwächten Verdauungskraft und des Immunsystems.

Mein Tipp
Meiden sollten Sie jedenfalls neben Kuhmilch alle Fertigprodukte mit Milchzucker, Desserts, Eiscremes, Backwaren, Kuchen, Schokoladeerzeugnisse, Dressings, Instant-Suppen und -Soßen, Streuwürze, fertige Fleisch- und Wurstwaren sowie Brotaufstriche. Verwenden Sie zum Zubereiten der Speisen ersatzweise ungezuckerte Reismilch, Kokosmilch, Soja- oder Hafermilch.

Wenn Sie keinen Milchzucker vertragen

Es besteht eine Unverträglichkeit von Milchzucker (Laktose). Betroffene können das Enzym Laktase nur unzureichend oder überhaupt nicht produzieren. Der Mangel an Laktase führt dazu, dass der Milchzucker im Dünndarm nicht in seine Bestandteile Glukose und Galaktose abgebaut werden kann. Das wiederum kann zu Blähungen führen.

Der Laktosegehalt kann in 4 Gruppen unterteilt werden:

▶ Laktosefrei sind alle Lebensmittel, die keinerlei Milch und Milchprodukte enthalten, Fleisch, Fisch natur, Kartoffeln, Reis, Polenta, sämtliche Getreidesorten, die meisten Nudeln, Eier, Gemüse natur, Obst, Marmelade, alle guten Pflanzenöle, milchfreie Margarine, milchfreie Getränke.

Die Elemente der Energy-Cuisine

▶ Fast laktosefrei sind Butter, Butterschmalz (Ghee) sowie alle Hart- und Schnittkäsesorten und fast alle Weichkäsesorten. Hier ist ein Großteil des Milchzuckers in der Buttermilch bzw. der Molke zurückgeblieben, der verbleibende Milchzucker wird beim Käse größtenteils während der Reifung abgebaut. Ausnahmen sind Molkekäse und einige Schmelzkäse mit Zusatz von Milchpulver.

▶ Mittlerer Laktosegehalt: Bei dieser Gruppe kann es sehr große Unterschiede in der Verträglichkeit geben – abhängig von der individuellen Laktoseintoleranz, der verzehrten Menge, aber auch vom Reifegrad gesäuerter Milchprodukte.

Wenn Sie Probleme mit Fruchtzucker haben

Manche Menschen können Fruktose (Fruchtzucker oder Laevulose) nicht verdauen und bekommen deshalb Beschwerden wie Aufstoßen, Bauchschmerzen, Durchfälle, Übelkeit und Blähungen, aber auch Stimmungslosigkeit und Antriebslosigkeit.

Bei Verdacht auf Fruktoseintoleranz wird ein Atemtest durchgeführt. Nachdem der Fruchtzucker von den Bakterien vergoren wird, entsteht Wasserstoff, welcher über die Atemluft abgeatmet wird. Die Höhe der Wasserstoffkonzentration ist daher ein Maß für die Gärung und Fruktoseintoleranz.

Wenn's juckt und beißt

Histamin ist eine einfache chemische Substanz und wurde ursprünglich im Mutterkorn entdeckt. Histamin ist das Produkt von Bakterien, deshalb sind alle lange gelagerten Lebensmittel sehr histaminreich. Histamin ist der wichtigste Mediator (Entzündungsbotenstoff) bei allergischen Erkrankungen wie Heuschnupfen und Asthma bronchiale. Es wird vom Menschen selber produziert, aber auch über die Lebensmittel zugeführt.

Histamin ist an sich ein körpereigener Stoff, der überall dort produziert wird, wo Entzündungen, Schmerzen, Hautrötungen, Allergien und Schwellungen entstehen. Auch bei der Entstehung eines Migräneanfalles ist Histamin im Spiel. Das Vermeiden oder zumindest deutliches Reduzieren von histaminhaltigen Lebensmitteln hilft meist, aller-

Mein Tipp

Meiden sollten Sie in diesem Fall alle Lebensmittel mit hohem Fruchtzuckergehalt. Das sind Trockenobst, vor allem Rosinen, Feigen, Datteln, Zwetschgen, Aprikosen, Fruchtsäfte, frisches Obst, Kompott, Marmeladen, Honig und Bier (sorbithaltig).

gische oder entzündliche Prozesse zu verringern und Migräneanfälle zu reduzieren.

Frische Nahrungsmittel sind von wenigen Ausnahmen abgesehen histaminarm. Der Histamingehalt steigt mit der Reife und Lagerdauer an. Da Histamin durch Bakterien entsteht, ist es oft auch ein Hygieneproblem.

Mein Tipp
Verzichten Sie hier möglichst auf Thunfisch, Makrele, Sardellen, Sardine, Emmentaler, Camembert, Roquefort, Parmesan, Salami, Rohschinken, Rotwein, Dessertwein, Bier, Sekt, Sauerkraut, Spinat, Tomaten.

Die Säure-Basen-Balance

Der Säure-Basen-Haushalt ist ein wichtiger Regulator des gesamten Stoffwechsels. Die moderne Ernährung liefert dem Bindegewebe in der Regel zu viele Säuren. Das wirkt sich negativ auf seine Eiweißstruktur aus, verändert die Zusammensetzung der Zellwände und verringert die Durchlässigkeit der Membranen. In der Folge können sich Gelenke entzünden und Knorpel abbauen, die Empfindlichkeit der Gelenkinnenhaut für Rheuma erhöht sich und es können Schmerzen auftreten.

Sie sollten wissen: Säuren werden entweder als Lebensmittel zugeführt oder entstehen im Stoffwechsel. Basen müssen durch Lebensmittel zugeführt werden. Entscheidend ist das Verhältnis von Säure und Basen für die Funktion aller Stoffwechselvorgänge im Organismus. Für einen normalen Stoffwechsel ist ein Gleichgewicht zwischen Säure und Basen erforderlich. Leider ist aber unsere übliche Ernährungsform zu „säurelastig".

Die Energy-Cuisine berücksichtigt bei der Zusammenstellung der einzelnen Gerichte die Säuren-Basen-Balance, um unnötige Energieverluste zu vermeiden.

Ernähren Sie sich vorwiegend basisch

Achten Sie daher auch bei Energy-Cuisine auf eine basische Ernährungsform, denn die Übersäuerung ist die Ursache für viele Krankheiten und Fehlfunktionen des Körpers. Eine Ausnahme sind Zitronen, diese schmecken zwar sauer, weil sie viel Fruchtsäure enthalten, im Körper werden sie jedoch zu Basen verstoffwechselt.

Die Elemente der Energy-Cuisine

Zu den basischen Lebensmitteln zählen praktisch alle gut ausgereiften Obst- und Gemüsesorten, Säfte, Salate, Sprossen, Milch, Sahne, Gewürzkräuter, Soja und Kartoffeln. Hier überwiegen organische Mineralstoffe.

Säurelieferanten sind dagegen alle Süßigkeiten, Zucker, die meisten Getreideprodukte, Fleisch, Fisch, Wurstwaren, Eier (und fast alles, was viel Eiweiß beinhaltet), Milchprodukte, Kaffee, Tee und Alkohol. Neutral sind einige Nusssorten, pflanzliche Öle und stilles Wasser. Alles das aber bleibt bekanntlich immer eine Frage von Menge und Häufigkeit. Was der gesunde Organismus von selber regelt, kann beim Kranken zum großen Problem werden.

Es gibt praktisch keine Erkrankungen mit zu viel Basen, sondern nur solche mit zu viel Säuren. Im Grunde gehen alle chronischen Erkrankungen mit einer Säurebelastung einher!

Achtung

Es gibt auch eine Umkehrwirkung von Basen. Bei mangelnder Esskultur, emotionalem Stress, Ärger, Wut und Zeitdruck können Basen durch Fehlverdauung im Stoffwechsel zu Säuren werden.

Säure-Basen-Tabelle

sauer	basisch
tierisches und pflanzliches Eiweiß	Gemüse, ausgereifes Obst, Säfte
Milchprodukte	Milch, Schlagsahne
Zitrusfrüchte	Gewürzkräuter, Wildkräuter
raffinierte Öle und Fette	hochwertige, kaltgepresste Pflanzenöle
Genussmittel (Alkohol/Kaffee)	Mandeln, Kastanien, Pilze, Kartoffeln
Auszugsmehle und Zucker	Soja-Tofu
Industriegetränke und -kost	

neutral: Hirse, Vollzucker, Rohzucker, Butter, Wasser

Die richtige Nahrung zur richtigen Zeit

Hören Sie auf Ihre innere Uhr

Wenn man davon ausgeht, dass alle Körperfunktionen gemeinsam rhythmischen Schwankungen unterliegen, so ist zu erwarten, dass auch die Reaktion des Organismus auf therapeutische Reize infolge der wechselnden Ausgangsbedingungen zu verschiedenen Zeiten bzw. Phasen der Rhythmen unterschiedlich ausfallen. Nimmt man darauf keine Rücksicht, so kostet das den Körper Energie.

Dies betrifft neben unserer Ernährung auch die oft beträchtlichen Schwankungen von Wirkung und Wirksamkeit bei der Verordnung von Medikamenten; So bedarf es z. B. zur Schmerzstillung oder zur Unterdrückung allergischer Reaktionen während der Nacht einer höheren Dosierung als am Tage. Auch die Dauer von Narkosen und örtlichen Betäubungen schwankt bei gleichen Maßnahmen tagesrhythmisch. Bei der physikalischen Therapie weiß man, dass der Mensch vormittags gesteigert kälteempfindlich, nachmittags und abends vermehrt wärmeempfindlich ist. Die Zufuhr gleicher Nahrungsmengen am Morgen führt eher zur Gewichtsreduktion, am Abend fördert sie

Zitat

Auf Entsäuerung berichten die Kranken oft beglückende Besserung: kein Schwindel mehr, Benommenheit und Kopfdruck sind behoben, das Gedächtnis arbeitet wieder frischer, die Stimmungslage wird fröhlicher, der Bewegungstyp ist wieder agiler, „jugendlicher", geistige Regsamkeit und „Aussehen" sind verbessert, an Leib und Seele prima, die zuvor Kranken fühlen sich bisweilen verjüngt. (Dr. med. B. Kern)

mehr den Gewichtsansatz. Besonders groß sind die Wirkungsunterschiede bei der therapeutischen Anwendung von Hormonen (z.B. Insulin, Cortison), weil die körpereigene Hormonproduktion und der Hormonbedarf tagesrhythmisch stark schwanken können. Auch die Sekretion der Verdauungssäfte unterliegt beträchtlichen tagesrhythmischen Schwankungen.

Wann arbeiten unsere Organe am besten?

Unabhängig davon, zu welcher Aktivität wir unseren Körper zwingen, die innere Uhr sagt uns nicht nur, dass wir abends müde werden, sondern teilt jedem Organ seine Zeiten von Aktivität und Ruhe zu. So werden zum Beispiel morgens gegen acht Uhr besonders viele Sexualhormone produziert. Allen Arbeitszeitregeln zum Trotz sind diese Morgenstunden also die beste Zeit für Sex. Knifflige Denkprozesse dagegen fallen uns vormittags zwischen zehn und zwölf am leichtesten. Unser Kurzzeitgedächtnis hat jetzt sein Hoch – die beste Zeit für Prüfungen und wichtige Geschäftstermine. Die Mittagszeit ist Essenszeit. Denn zwischen zwölf und zwei am Nachmittag wird viel Magensäure gebildet. Die Verdauung funktioniert jetzt besonders gut. Der Magen arbeitet auf Hochtouren und der restliche Körper wird müde. Aber auch, wenn wir nichts gegessen haben – das Mittagstief ist ganz normal, und ein kleines Nickerchen von zehn bis dreißig Minuten ist gesund.

Mein Tipp

Wer um fünf Uhr am Nachmittag Sport treibt, ist besonders leistungsfähig. Das ist die beste Zeit für Muskelaufbau und Ausdauertraining.

Am frühen Nachmittag haben Körper und Geist ihr zweites Hoch. Unser Schmerzempfinden ist dafür auf dem Tiefpunkt. Vor allem der Zahnarztbesuch gegen drei soll am wenigsten schmerzhaft sein.

Unsere Leber hat nach westlicher Wissenschaft zwischen 18 und 20 Uhr ihr Leistungshoch. Alkohol wird um diese Zeit am besten vertragen.

Die Fähigkeit, den Körper auf die Tageszeit einzustellen, ist in unserem Erbgut verankert. Drei Gene wurden bisher gefunden, die die Körperfunktionen zeitlich ordnen. Bereits die einfachsten Lebewesen haben sich dem Hell-dunkel-Rhythmus der Erde angepasst und ihre Aktivitäts- und Ruhezeiten mit der Umwelt synchronisiert. Die innere Uhr sicherte den Organismen einen Überlebensvorteil, sie lernten die Tageszeit vorauszuahnen. Ihr Stoffwechsel konnte sich damit frühzeitig auf die Hell-dunkel-Phasen einstellen. Das bestätigen unsere westlichen Forschungsergebnisse. Eventuelle Widersprüche zur TCM-Organuhr können mit unterschiedlichen Enzymtätigkeiten unserer Menschen und der fernöstlicher Kultur in Zusammenhang gebracht werden.

Minimum und Maximum an Energie durch Beachtung der Tagesrhythmen

Jeder Meridian, jedes Organ zeigt im Zyklus des Tages einen maximalen (und entsprechend einen minimalen) energetischen Ladungszustand, was als „Maximalzeit" oder „Hochzeit" (und entsprechend „Minimalzeit" oder „Minuszeit") bezeichnet wird. Jeder Meridian wird für zwei Stunden maximal mit Lebenskraft (Qi) durchflutet – und genau zwölf Stunden später ist seine Energie am schwächsten.

Das Wissen um die richtigen Zeitpunkte, nämlich die Minimalzeiten und Maximalzeiten – also des höchsten und niedersten Energie- und Blutflusses in den einzelnen Organen – kann zu einer kontrolliert vernünftigen Lebensweise und damit zu einem deutlich verbesserten Allgemeinbefinden verhelfen.

Energetischer Ladezustand

Organ	Maximalzeit	Minimalzeit
Lunge	03–05	15–17
Dickdarm	05–07	17–19
Magen	07–09	19–21
Milz, Pankreas	09–11	21–23
Herz	11–13	23–01
Dünndarm	13–15	01–03
Blase	15–17	03–05
Niere	17–19	05–07
Perikard	19–21	07–09
Drei-Erwärmer	21–23	09–11
Gallenblase	23–01	11–13
Leber	01–03	13–15

Die Elemente der Energy-Cuisine

Was geschieht während der Maximalzeiten unserer Organe?

3 bis 5 Uhr – Maximalzeit der Lunge

Dekompensierte Herzschwäche zeigt sich oft durch Wachwerden und Atemnot zwischen 3 und 5 Uhr, wenn die Lunge auf Hochtouren arbeitet. Auch leichtes Frösteln zeigt die Aktivität der Lunge an, denn die Haut gehört zum Subsystem der Lunge. Die meisten Menschen decken sich um diese Zeit fester zu und schütteln die Kissen höher auf. Wer jetzt frische Luft in den Schlafraum lässt, unterstützt die Lunge.

5 bis 7 Uhr – Maximalzeit des Dickdarmes

90 % der Menschen verrichten während der morgendlichen Maximalzeit ihren Stuhlgang. Wer damit Probleme hat, könnte Abhilfe schaffen, indem er gegen 5 Uhr ein großes Glas warmes Wasser trinkt.

Versuchen Sie mehr nach den Rhythmen der Natur zu leben.

7 bis 9 Uhr – Maximalzeit des Magens

Während der Maximalzeit geht die Verdauung am reibungslosesten vor sich. Die Volksempfehlung, morgens wie ein Kaiser zu speisen, macht also durchaus Sinn. 12 Stunden später, nämlich zwischen 19 und 21 Uhr, arbeitet der Magen so gut wie gar nicht, und die Nahrung bleibt bis zum nächsten Morgen im Magen liegen. Die Empfehlung, nach 19 Uhr nichts mehr zu essen, hat also nichts mit Schlankheitswahn, sondern sehr viel mit Gesundheit zu tun.

9 bis 11 Uhr – Maximalzeit der Milz/Pankreas

Während dieser Zeit setzt die Bauchspeicheldrüse die meisten Enzyme frei. Die geistige Lernfähigkeit ist jetzt optimal, Prüfungen werden am besten bewältigt. Operative Eingriffe verlaufen ohne Entzündungen und mit guter und rascher Wundheilung.

11 bis 13 Uhr – Maximalzeit des Herzens

Beim Herzen macht die Maximalzeit eine Ausnahme: Da dieses Organ rund um die Uhr kontinuierlich arbeitet, dient die Maximalzeit als Regenerationsphase und sollte daher in dieser Zeitspanne besonders geschont werden.

Sport, Stress, körperliche Anstrengung, aber auch operative Eingriffe und aufwändige Zahnbehandlungen (vor allem an Weisheitszähnen) sollten in dieser Phase vermieden werden.

13 bis 15 Uhr – Maximalzeit des Dünndarms

In dieser Aktivphase braucht der Dünndarm optimale Blutversorgung. Wer das durch Muskelarbeit verhindert, muss mit Verdauungsproblemen rechnen.

Ideal: Mittagsruhe mit hoch gelagerten Beinen. Dann funktioniert es auch mit der Verdauung!

15 bis 17 Uhr – Maximalzeit der Blase

Während dieser Zeit wird der meiste Urin ausgeschieden. Wer clever ist, hat von morgens bis 15 Uhr viel getrunken und begünstigt die gesunde Wasserausscheidung.

17 bis 19 Uhr – Maximalzeit der Nieren

Blutreinigende Teemischungen, Wasser ohne Kohlensäure werden jetzt wunderbar verarbeitet und unterstützen die Entgiftungsarbeit der Nieren.

19 bis 21 Uhr – Maximalzeit des Kreislaufs (Perikard)

In dieser Zeit fühlt man sich wohlig müde, gut durchwärmt und entspannt, da sich während der Kreislaufmaximalzeit alle Hauptorgane erholen. Die gemütliche Zeit der Ruhe beginnt!

Mein Tipp

Die Kenntnisse der Chronobiologie und eine gesunde Ernährung haben sofortige Auswirkung auf Ihr Wohlbefinden.

Die Elemente der Energy-Cuisine

21 bis 23 Uhr – 3-Erwärmer

Die endokrinen Drüsen regenerieren sich. Wir sollten das auch nützen. Nach der abendlichen Entspannung sollte der Nachtschlaf nicht zu lange auf sich warten lassen.

Mein Tipp
Jeder Verzicht auf das Abendessen wird Ihnen besseren Schlaf und mehr Energie bringen.

23 bis 1 Uhr – Maximalzeit der Gallenblase

Wer beim Essen gesündigt hat, könnte jetzt mit der Gallenblase auf Kriegsfuß stehen, denn die meisten Gallenkoliken treten um diese Zeit auf. Wer vernünftig gegessen und die Minimalzeit des Magens beachtet hat, muss sich nicht fürchten.

1 bis 3 Uhr – Maximalzeit der Leber

Unser Entgiftungsorgan arbeitet auf Hochtouren. Zu dieser Zeit werden Menschen oft unruhig und wach, vor allem wenn abends zu viel gegessen wurde.

Minimalzeiten beachten

Während der Minimalzeiten der einzelnen Organe sollte alles unterlassen werden, was das jeweilige Organ beansprucht oder anstrengt. Medikamente, die man für ein Organ zu seiner Minimalzeit einnimmt, bringen nur eine stark verringerte, manchmal auch gar keine Wirkung.

Mehr Lebensqualität durch Energy-Cuisine

Welcher Konstitutionstyp sind Sie?

Wir unterscheiden vier Typen, die auch als Mischtypen existieren.

Der Alpha-Hitze-Typ (A)
heiß, hyperaktiv, aggressiv, depressiv, hohe Muskelspannung

Farbe: rot

Der Beta-Schwäche-Typ (B)
trocken, kalt, schwach, traurig, schwaches Immunsystem

Farbe: grün

Der Gamma-Kälte-Typ (G)
feucht, kalt, blass, lustlos, freudlos, Verdauungsschwäche, Erkältungsanfälligkeit

Farbe: blau

Der Delta-Speicher-Typ (D)
feucht, übergewichtig, bedrückt, schwerfällig, Wasseransammlungen im Körper

Farbe: gelb

Mein Tipp

Hören Sie in sich hinein, wenn Sie etwas gegessen haben. Empfinden Sie Kälte oder Wärme?

Welcher Typ tickt wie?

Der Alpha-Hitze-Typ (A)

Der A-Typ ist willens- und leistungsstark, kraftvoll, aktiv, selbstbewusst, extrovertiert und gesellschaftlich orientiert. Er hat ein cholerisches Temperament und strebt nach Selbstvertrauen. Oft ist der A-Typ auch erfolgssüchtig, gibt an, bewundert oder überfordert sich selbst. Der häufig stressgeplagte A-Typ nimmt sich meistens nicht die Zeit für regelmäßige Ernährung, sondern greift in seiner Hektik und Eile gern auf Fast-Food-Produkte zurück.

Der Beta-Schwäche-Typ (B)

Der B-Typ hat ein melancholisches Temperament, ist autoritär, rechthaberisch und beharrlich. Er strebt nach Selbstachtung und Unabhängigkeit, fühlt sich wichtig und kann sich gut behaupten. Er lehnt Zwänge ab, braucht zu seiner Bestätigung Gesellschaft und hat oft überhöhte Anforderungen an sich selbst und die Umwelt. Als Gourmet verwöhnt er sich gerne und üppig mit gutem Essen und Gesellschaft. Daher sollten Ernährungstipps nicht stark mit seinem sozialen Leben kollidieren.

Der Gamma-Kälte-Typ (G)

Der G-Typ ist phlegmatisch, ruhig, passiv, angepasst, empfindlich und introvertiert. Er stellt eigene Ansprüche zurück, ist bescheiden und fürsorglich. Er strebt nach Entspannung, Ruhe, Konfliktlosigkeit, Zufriedenheit und Befriedigung. Der G-Typ neigt zu schlechten Essgewohnheiten. Er ist sehr empfänglich für detaillierte Erklärungen und ist auch bereit, diese umzusetzen.

Der Delta-Speichertyp (D)

Der sanguinische D-Typ ist offen und lebendig, optimistisch und begeisterungsfähig. Er möchte vieles ausprobieren, flüchtet vor Problemen, hat den Drang nach Veränderungen und strebt nach innerer Freiheit bzw. Unabhängigkeit. Der D-Typ lebt in der Vergangenheit und Zukunft, er verschiebt immer wieder alles auf morgen und ist ein Wunschdenker. Er neigt auch zu Heißhungerattacken.

Testen Sie sich selbst

Fragen zum A-Typ – Hitze-Typ:

Aussage	ja	nein
Mir ist oft heiß und ich schwitze viel	☐	☒
Wenn ich Schmerzen habe, ist mir Druck an der Schmerzstelle unangenehm	☐	☒
Ich leide an Schlafstörungen	☒	☐
Mein Mund und meine Schleimhäute sind oft trocken	☒	☐
Meine Augen sind oft gerötet, trocken oder brennen	☐	☒
Ich leide an Verstopfung	☐	☒
Mein Urin ist oft dunkel und konzentriert	☐	☒
Ich bin oft durstig	☐	☒
Ich leide unter Kopfschmerzen in der Schläfengegend und hinter den Augen	☐	☒
Ich habe häufig Sodbrennen	☐	☒
Ich habe eine Vorliebe für kalte Getränke	☐	☒
Mein Mundgeschmack ist bitter	☐	☒
Ich bin oft gereizt, nervös, aufbrausend	☒	☐
Ich bin morgens frisch und voller Tatendrang	☐	☒
Ich leide unter Rücken-und Nackenschmerzen	☒	☐
Ich habe hohen Blutdruck	☒	☐

Summe: 5   4   11   12

Fragen zum B-Typ – Schwäche-Typ:

Aussage	ja	nein
Ich neige zu trockener, schuppiger Haut	☒	☐
Ich neige zu Schuppenbildung der Kopfhaut	☒	☐
Ich schwitze in der Nacht	☒	☐
Ich habe in der Nacht oft heiße, brennende Füße	☐	☒
Meine Fingernägel sind brüchig	☒	☐
Meine Haare sind trocken und gespalten	☐	☒
Ich neige zu Muskelkrämpfen	☒	☐
Ich bin innerlich unruhig	☒	☐
Ich neige zu Traurigkeit	☐	☒

Ich kann schwer loslassen	ja ☒	nein ☐
Ich leide unter Verlustängsten	ja ☒	nein ☐
Ich leide an Atemwegsbeschwerden	ja ☐	nein ☒
Ich bin anfällig für Infekte	ja ☐	nein ☒
Ich leide an Allergien	ja ☐	nein ☒
Ich leide an Neurodermitis	ja ☐	nein ☒
Ich habe häufig Ekzeme	ja ☐	nein ☒
Summe	8 6	☐ 10

Fragen zum G-Typ – Kälte-Typ

Ich friere leicht	ja ☒	nein ☐
Hände, Füße, Nasenspitze, Knie sind meist kalt	ja ☒	nein ☐
Ich liebe warme Getränke	ja ☐	nein ☒
Ich habe selten Durst	ja ☒	nein ☐
Mein Stuhl ist oft breiig	ja ☒	nein ☐
Mein Urin ist hell und klar	ja ☒	nein ☐
Ich leide unter Völlegefühl	ja ☐	nein ☒
Ich habe oft Blähungen	ja ☒	nein ☐
Ich habe Lust auf Süßes	ja ☒	nein ☐
Meinen Urlaub verbringe ich gerne im Süden	ja ☒	nein ☐
Ich habe dunkle Augenringe	ja ☐	nein ☒
Ich schwitze nur selten	ja ☒	nein ☐
Oft habe ich wenig Lebensfreude	ja ☐	nein ☒
Ich bin oft müde	ja ☒	nein ☐
Ich habe Mühe mich zu konzentrieren	ja ☐	nein ☒
Ich würde mich als introvertiert bezeichnen	ja ☐	nein ☒
Ich grüble und denke viel	ja ☒	nein ☐
Meine Vitalität ist herabgesetzt	ja ☐	nein ☒
Ich bin anfällig für Erkältungserkrankungen	ja ☐	nein ☒
Summe	11 12	8 7

Fragen zum D-Typ – Speicher-Typ

Frage	ja	rein
Ich neige zu Übergewicht	☐	☒
Mein Gesicht ist aufgedunsen	☐	☒
Besonders am Morgen sind meine Augen geschwollen	☐	☒
Ich neige zu Cellulitebildung an Armen und Beinen	☐	☒
Meine Haut ist grobporig	☐	☒
Ich habe Gallen- oder Nierensteine	☐	☒
Vor der Periode nehme ich an Gewicht zu	☐	☒
Meine Hände und Füße schwellen häufig an	☐	☒
Ich esse unregelmäßig	☐	☒
Mein Stuhl ist weich	☒	☐
Ich leide unter Verschleimung ohne Erkältung	☐	☒
Ich leide an Ausfluss	☐	☐
Meine Menstruation ist schmerzhaft	☐	☒
Ich habe selten Durst	☒	☐
Nach dem Essen fühle ich mich schwer und müde	☒	☐
Ich neige zu Nasennebenhöhlenentzündungen	☐	☒
Ich leide unter dumpfen Kopfschmerzen	☒	☐
Am Morgen bin ich müde und langsam	☒	☐
Feuchtes Wetter macht mir zu schaffen	☒	☐
Ich fühle mich oft bedrückt	☒	☐
Ich schnarche häufig	☐	☒
Summe	7 9	13 13

Der Typ, bei dem Sie die meisten Fragen mit „ja" beantwortet haben, ist bei Ihnen dominant. Im Rezeptteil finden Sie Ihr spezielles Rezept nach der Typenordnung.

Wärme- und Kältewirkung von Lebensmitteln

Lernen Sie wieder zu spüren, ob Ihnen ein Lebensmittel gut tut oder nicht. Genießen Sie das Essen mit dem Wissen, dass Energie in Ihren Körper wandert, die Ihnen Kraft gibt.

Kühlende, feuchte Lebensmittel schenken unserem Körper die notwendige kühlende Energie und trockene, erwärmende Lebensmittel versorgen uns mit der nötigen Hitze-Energie. Wenn Sie zu den Menschen zählen, die viel frieren und meist erschöpft sind, benötigen Sie mehr Hitze in Ihrer Nahrung. Und hitzige Naturen, die zu Überaktivität neigen, können sich mit kältebetonter Nahrung erfrischen. Jedes Lebensmittel übt eine bestimmte Wirkung auf unseren Körper aus.

Mein Tipp

Sie tun Ihrem Körper und sich selbst einen Gefallen, wenn Sie sich nach einem stressigen Tag durch Bewegung einen Ausgleich verschaffen.

Durch die Nahrungszubereitung, durch Erwärmen und Trocknen oder durch Abkühlen und Befeuchten einer Speise können wir zusätzlich Einfluss nehmen auf den Kälte- oder Hitze-Gehalt unserer Mahlzeit. Beißen Sie doch einmal an einem heißen Sommertag in eine Melone, und genießen Sie die angenehm erfrischende Kälte-Wirkung ganz bewusst. Oder versuchen Sie eine Chilischote: Sie wird Ihnen die Röte ins Gesicht treiben und Sie von ihrer heißen Hitze-Qualität überzeugen. Wenn Sie erkennen, wie Kälte und Hitze sich in Ihnen verteilen, können Sie mithilfe Ihrer ganz persönlichen Nahrung einen harmonischen Ausgleich herstellen.

Viele Lebensmittel haben die Fähigkeit, das Klima auszugleichen, in dem sie wachsen. Nahrungsmittel wie beispielsweise Südfrüchte, die in einem sehr heißen Klima wachsen, sind in ihrer thermischen Wirkung kalt. Mit ihrer kühlenden Wirkung helfen sie den Menschen in dieser Gegend, die Hitze auszugleichen. Sie leiten so innere Hitzezustände aus. Es ist deshalb völlig unsinnig, in einer

Jahreszeit wie dem Winter, wenn wir gegen äußere Kälte zu kämpfen haben, Südfrüchte zu essen. Sie kühlen unseren Körper ab, leiten die Energie nach unten, schwächen unsere Abwehr und machen uns empfindlich für eindringende Kälte. Richtig ist, in der kalten Jahreszeit Nahrungsmittel zu verwenden, die in ihrer Natur Hitze verkörpern, also dem Körper Wärme zuführen, um ihn widerstandsfähiger gegenüber der bioklimatisch herrschenden Kälte zu machen. Haben wir bereits Grippe und Fieber, dann helfen die hitzeausleitenden Südfrüchte, unseren Körper abzukühlen, und bringen uns so Erleichterung. Geht es jedoch darum, unseren Körper auch im Winter, wenn wir weniger Obst und Salat essen als im Sommer, mit den notwendigen Vitaminen zu versorgen, dann sind die Südfrüchte nicht die beste Wahl.

Die schlechteste Variante der Vitaminzufuhr ist in jedem Fall der Griff zu den synthetisch hergestellten Vitaminen (generell), die von jeglichen Nahrungsmitteln losgelöst dem Körper zugeführt werden. Logischerweise unterscheidet sich deren Wirkung erwiesenermaßen von solchen natürlichen Ursprungs. Die zweitschlechteste Wahl zur Deckung des Vitaminbedarfs im Winter sind Zitrusfrüchte in großen Mengen. Die beste Variante ist meistens die einfachste:

Sie sollten in jeder Jahreszeit die Lebensmittel verwenden, die die Natur in dieser Zeit in unserer Gegend für uns bereithält. Solche Lebensmittel beinhalten alles, was wir brauchen.

Winterliche Vitamin-C-Lieferanten sind unter anderem Petersilie, Rosenkohl, Kohlgemüse, Hülsenfrüchte, Hagebutten und Meerrettich. Sie sind thermisch nicht so kalt wie Südfrüchte und helfen so, unseren Körper im Gleichgewicht zu halten. Bei gesunder Lebensführung und guter körperlicher Verfassung ist natürlich nichts gegen eine Orange oder Mandarine einzuwenden. Was zählt, ist die Menge, auch bei frisch gepressten Fruchtsäften.

Mehr Lebensqualität durch Energy-Cuisine

Viele Kulturen wissen um die thermische Wirkung der Nahrungsmittel. Auch bei uns wurde früher schon immer bei Fieberzuständen der thermisch kalte Lindenblütentee mit Zitrone verabreicht. Dank seiner schweißtreibenden Wirkung hilft er, die im Körper entstandene Hitze durch die Poren der Haut auszuleiten

Ein weiteres Beispiel ist die Verwendung thermisch heißer Gewürze während der Wintermonate. Glühwein und Weihnachtsgebäck wie Lebkuchen werden mit Gewürzen (Zimt, Nelken, Anis usw.) aromatisiert, auf die wir eigentlich nur im Winter Lust haben.

Auch die Nordafrikaner trinken ihren Tee nicht, damit ihnen warm wird. Sie trinken heißen Tee, vorzugsweise Pfefferminztee, weil er den Körper weniger als ein eiskaltes Getränk (geringer Temperaturunterschied zur Außentemperatur) erhitzt. Außerdem ist Pfefferminze thermisch kalt und hilft damit bei Hitze. Wenn wir nur ein bisschen in uns hinein hören, dann sagt uns der Körper, was er braucht. Im Winter, wenn es draußen kalt ist, haben wir Lust auf dicke, nahrhafte Suppen, auf Aufläufe und Eintöpfe mit vielen Gewürzen. Im Sommer haben wir mehr Verlangen nach erfrischenden Salaten, säuerlichem Kompott und kühlen Speisen, wie Gurken, Tomaten, Zucchini, Salate, Erdbeeren und Melonen, Fischgerichte und Meeresfrüchte. Jedes Ding zu seiner Zeit – dies ist das Geheimnis einer vollwertigen Energy-Cuisine.

Mein Tipp

Fühlen Sie in sich einen Hitzestau, so können kühlende Gewürze mit leicht scharfem Geschmack Zerstreuung und Entspannung bewirken – Pfefferminze, Zitronenmelisse, Basilikum, Kresse und Sprossen von Radieschen oder Senfsamen bringen einen Ausgleich und Wohlbehagen.

Zitrone sorgt für innere Kühlung. Aber Vorsicht bei eisgekühlten Getränken und Eiswürfeln! Zur Aufrechterhaltung einer gesunden Verdauung ist das so genannte Verdauungsfeuer bzw. die Verdauungskraft von Milz und Magen besonders wichtig – wenn Sie große Mengen kalte Getränke zu den Mahlzeiten trinken, „löschen" Sie dieses. Damit belasten Sie Ihren Körper und verdünnen zudem Ihre Verdauungssäfte nachteilig.

Wenn die Abende langsam wieder kühler werden und die Bäume ihre Blätter abwerfen, ziehen sich auch im menschlichen Organismus die Säfte zurück und der Körper neigt zu Trockenheit, was sich zum Beispiel in einem trockenen Husten oder auch Verstopfung bemerkbar machen kann. Zur Stärkung dieser Organe im Herbst sollten Sie besonders viel wärmende und neutrale Nahrungsmittel mit starkem Metallanteil zu sich nehmen, beispielsweise Lauch, Rettich oder Reis. Der Herbst ist auch eine gute Zeit, um einmal indische Currys oder auch die mexikanische Küche ausgiebig zu testen. Mit wärmenden Speisen aus dem Metallelement bereitet man den Körper auf die kalte Jahreszeit vor und stärkt die Abwehrkräfte.

Nahrungsmittel als Medizin

In der TCM, im Ayurveda und auch in europäisch-antiken Heilsystemen wird keine regelrechte Unterscheidung zwischen Nahrungsmitteln und Arzneien gemacht. Die Grenzen hierfür sind fließend. Jedes Nahrungsmittel kann medizinisch eingesetzt werden, denn jedes Nahrungsmittel verfügt über eine bestimmte pharmakologische Wirkung. Ausnahmen sind denaturierte Nahrungsmittel, die auch keine Lebensmittel mehr sind, da sie über keinerlei Lebensenergie mehr verfügen und der Körper mehr Energie benötigt, um sie zu verdauen, als er an Energie gewinnt. Ist die Lebensenergie (Qi) in Fluss und genügend davon vorhanden, spricht man von Harmonie und Gesundheit. Stagniert sie oder liegt ein Mangel vor, treten Beschwerden und Krankheitsbilder auf.

Folge von zu viel Kühlem

Der übermäßige Genuss von thermisch kühlen oder kalten Nahrungsmitteln schwächt den Verdauungstrakt und führt zu Beschwerden wie Blähungen, Völlegefühl, Verstopfung oder Durchfall sowie in weiterer Folge zu Erschöpfungszuständen, Müdigkeit und Eisenmangel. Alle kühlenden und kalten Nahrungsmittel können aber durch Kochverfahren (dünsten, braten, kochen, schmoren, im Backofen backen) und durch wärmende Gewürze in den neutralen oder sogar in den warmen Bereich verschoben werden. Zum Beispiel kühlen rohe Tomaten den

Verdauungstrakt aus, aber auf einem Auflauf aus dem Backofen sind sie neutral und kühlen nicht.

Die Wirkung der fünf Geschmäcker

Süßlich: Damit ist nicht süß in Form von Süßigkeiten gemeint, sondern süßlich schmeckendes Gemüse wie Karotten, Fenchelknollen, Kartoffeln, Kürbis und Getreide wie Hafer, Hirse und Reis. Süßliches Getreide, Gemüse und Fleisch in Maßen nähren Blut und Lebensenergie (Qi), stärken den Verdauungstrakt und die Lunge und entspannen Leber und Gallenblase.

Scharf: In diese Kategorie gehören Rettich, Radieschen, Knoblauch, Meerrettich, aber auch Gewürze wie Zimt und Nelken und Alkohol. Besonders die weißen scharfen Nahrungsmittel reinigen Lunge und Dickdarm. Aber zu viel scharfe Gewürze wie Knoblauch, Curry und Chili können zu Krämpfen, Spasmen, Augenerkrankungen, Kopfschmerzen und Hauterkrankungen führen.

Salzig: Damit sind salzige Speisen wie Algen, Miso (vergorene Sojabohnen mit oder ohne Getreide) oder Sojasoße und Salz gemeint, aber auch Salzwasserfische und Muscheln. Zu viel des salzigen Geschmacks schädigt Nieren, Leber und Gallenblase.

Sauer: Essig, Zitrusfrüchte, Sauerkraut, säuerliche Äpfel, Beeren gehören in diese Kategorie. Bei Stagnationen aller Art sollten saure Nahrungsmittel vermieden werden, besonders in Verbindung mit süß. Indiziert ist der saure Geschmack bei Menschen mit Säftemangel, also im Alter oder für Mütter nach einer Geburt.

Bitter: Bittere Salate wie Löwenzahn, Chicorée, Endivien, aber auch Tee und Kaffee und bittere Kräuter wie Löwenzahn oder Enzianwurzel gehören hierhin. Die meisten bitteren Kräuter wirken antitoxisch, entzündungshemmend und verdauungsfördernd, aber ein Zuviel verletzt wieder den Verdauungstrakt und führt zu Durchfall oder breiigem Stuhl sowie Erschöpfungszuständen.

Kalte, erfrischende Lebensmittel

Grundsätzlich kann man sagen, dass alles, was in der Erde wächst, Kälte-Charakter hat. Bei den Nahrungsmitteln, die über der Erde wachsen, ist die Einteilung nicht so leicht zu finden.

Getreide/Brot
Dinkel, Gerste, Langkornreis, Roggen, Weizen; Hefe-, Sauerteigbrot

Geflügel/Fisch
Ente, Gans, Pute, Truthahn; Austern, Kaviar, Tintenfisch

Gemüse
Artischocke, Aubergine, Avocado, Blumenkohl, Brokkoli, Chicorée, Gurke, Kohlrabi, Mangold, Oliven, Paprika, Pilze, Radicchio, Radieschen, Rettich, Rote Bete, Salat, Sauerkraut, Schwarzwurzel, Sellerie, Spargel, Spinat, Sprossen, Tomate, Zucchini

Hülsenfrüchte/Nüsse und Samen
Gelbe Sojabohnen, Kichererbsen, Mungobohnen, Schwarze Sojabohnen; Cashewnüsse, Sonnenblumenkerne

Obst
Ananas, Apfel, Banane, Birne, Brombeere, Erdbeere, Heidelbeere, Holunderbeere, Johannisbeere, Kaki, Kiwi, Mango, Melone, Orange, Pampelmuse, Papaya, Preiselbeere, Quitte, Rhabarber, Sauerkirsche, Stachelbeere, Zitrone

Milchprodukte
Dickmilch, Frischkäse, Joghurt, Kefir, Quark, Sauermilch, saure Sahne, Schwedenmilch

Getränke/Spirituosen
Apfelsaft, Brottrunk, Fruchtsaft, Gemüsesaft, Grüner Tee, Kräutertee (Hagebutte, Hibiskus, Malve, Melisse, Pfefferminze, Salbei), Mineralwasser, Schwarzer Tee; Altbier, Champagner, Pils, Prosecco, Weizenbier, Wermut

Kräuter und Gewürze Öle/Tee/Sonstiges
Ahornsirup, Estragon, Kresse, Schafgarbe, Holunder, Malve, Wermut, Lungenkraut, Frauenmantel, Brennnessel, Salbei, Artischockenblätter, Aloe, Benediktinerkraut, Berberitze, Birkenblätter, Bitterklee, Blutwurzwurzel, Eberschenbeeren, Eberwurzel, Eibischwurzel, Eichenrinde, Enzianwurzel, Spitzwegerich, Breitwegerich, Pfefferminze, Kamille, Lindenblüte, Wegwarte, Schöllkraut, Gänseblümchen, Gänsefingerkraut, Glaubersalz, Gelbwurzel, Hagebutten, Hibiskusblüten, Heidekraut, Heidelbeeren, Holunderblüten, Hopfenzapfen, Huflattichblätter, Johannis-

kraut, Kamille, Königskerzenblüten, Korianderfrüchte, Kürbissamen, Lavendelblüten, Lindenblüten, Löwenzahn, Malvenblüten, Melissenblätter, Odermennigkraut, Rhabarberwurzel, Rosmarinblätter, Seifenwurzel, Selleriekraut, Sonnenhutwurzel, Steinkleekraut, Tausendgüldenkraut, Weidenrinde, Wermutkraut, Borretsch, Taubnessel, Miso, Salz, Sojasoße, Olivenöl, Sesamöl, Sojaöl, Sonnenblumenöl, Weizenkeimöl; Sojamilch, Tofu

Heiße, wärmende Lebensmittel
Heiße Nahrungsmittel sollten bei Hauterkrankungen und Allergien sowie bei Migräne vermieden werden, da die Kapillaren erweitert werden.

Getreide
Amarant, Grünkern, Hafer, Rundkornreis, Sago

Fleisch, Geflügel und Wild/Fisch
alle gegrillten Fleischsorten, Fasan, Hammel, Hirsch, Huhn, Lamm, Rebhuhn, Reh, Schaf, Wildschwein, Ziege; alle geräucherten Fischsorten, Aal, Barsch, Forelle, Garnele, Hummer, Kabeljau, Lachs, Languste, Muscheln, Sardellen, Scholle, Shrimps, Thunfisch

Gemüse
Fenchel, Frühlingszwiebel, Kastanie, Kürbis, Lauch, Meerrettich, Süßkartoffel, Zwiebel

Nüsse und Samen
Pinienkerne, Pistazien, Walnüsse

Obst
Aprikose, Korinthe, Pfirsich, Rosine, Süßkirsche

Käse und Milchprodukte
Harzer Käse, Münster Käse, Schafskäse, Schimmelkäse, Ziegenkäse, Ziegenmilch

Getränke/Spirituosen
Fencheltee, Getreidekaffee, Kaffee, Kirschsaft, Kokosmilch, Yogitee; Glühwein, Honigwein, Likör, Reiswein, Rotwein, Schnaps, Whisky, Wodka

Kräuter, Gewürze, Tee
Anis, Alantawurzel, Angelikawurzel, Basilikum, Bärlauch, Baldrianwurzel, Bockshornkleesamen, Petersilie, Schlüsselblume, Gundermann, Beifuß, Cayennepfeffer, Chili, Curry, Dill, Essig, Fenchelsamen, Ingwer, Kakao, Kardamom, Kampferöl, Kapuzinerkresse, Kümmelfrüchte, Leinsamen, Liebstöckelwurzel, Mistelkraut, Myrrhe, Meerrettich, Knoblauch, Koriander, Kreuzkümmel,

Kümmel, Liebstöckel, Lorbeer, Wacholder, Majoran, Mohn, Muskat, Nelke, Kerbel, Paprika, Petersilienwurzel, Pomeranzenschale, Quendelkraut, Rautenkraut, Schwarzkümmelsamen, Schöllkraut, Sibirischer Ginseng, Walnussblätter, Weißdornblüten, Ysop, Zimtrinde, Zwiebel, Pfeffer, Piment, Rosmarin, Schnittlauch, Senf, Sternanis, Tabasco, Thymian, Oregano, Vanille, Wacholderbeere, Zimt, Jasmin, Waldmeister, Weinraute

Neutrale Lebensmittel

Getreide
Hirse, Mais

Fleisch und Wild/Fisch
Kalb, Hase, Rind; Karpfen

Gemüse und Hülsenfrüchte
alle Kohlsorten, Buschbohne, Erbse, Feldsalat, Karotte, Kartoffel, Linse, Rosenkohl, Rote Sojabohne, Rübe, Saubohne, Stangenbohne

Nüsse und Samen
Erdnüsse, Haselnüsse, Kokosnüsse, Mandeln, Sesam

Obst
Dattel, Feige, Pflaume, Traube

Käse und Milchprodukte
Butter, Ei, Käse, Kuhmilch, Sahne

Getränke
Malzbier, Traubensaft, Süßholztee

Gewürze
Honig, Malz, Rohzucker, Safran

So finden Sie Ihre optimale Ernährungsform

Die individuelle Konstitution

Jeder Mensch hat einen typischen, nur ihm innewohnenden Rhythmus. Diese individuelle „Gangart" wird durch unsere Gene und unsere Chromosomen bestimmt. Sie reflektiert das im Inneren herrschende Gleichgewicht der Energien.

Die persönliche Konstitution wird im Moment der Empfängnis fixiert. Die meisten Menschen weisen eine Mischung von verschiedenen Charaktereigenschaften auf. Die Klassifizierung in Konstitutionstypen hilft auch Ihnen dabei, Ihre individuell passende Ernährungs- und Verhaltensweise zur Verbesserung des Gesundheitszustandes zu finden.

Der Gamma-Kälte-Typ (G):

Diese Menschen haben einen leichten Knochenbau und ein geringes Gewicht. Sie nehmen schwer zu und haben einen unregelmäßigen Appetit. Nicht selten sind die Augen größer als der Mund. Sie sind lärmempfindlich und reagieren heftig auf Klänge. Sie frieren leicht, sie fühlen sich in der Hitze wohl und essen und trinken gerne Heißes. Sie sind flexibel, begeisterungsfähig, phantasievoll und gesprächig.

Ausgleichende Ernährung

Hier wird durch vorwiegend warme, gekochte Nahrung, die mit hochwertigem Leinöl, Hanf- oder Walnussöl, mit geklärter Butter (Ghee), gutem Olivenöl oder Rapsöl zubereitet bzw. aufgewertet und von weicher Konsistenz ist, ausgeglichen. Das Essen sollte leicht verdaulich sein. Eine Prise scharfer Gewürze (Ingwer, Kardamom, Galgant, Ginseng) regt die Verdauungskraft an, besonders süße, saure oder salzige Nahrung wirkt für diesen Typ ausgleichend. Süße Früchte mit saftigem Fruchtfleisch, von der Sonne voll ausgereift, Ingwertee, Ingwerwasser, Kräutertee oder eine warm gelöffelte Gewürzmilch sind ideal.

Der Alpha-Hitze-Typ (A):

Diese Menschen essen viel, vertragen in der Regel jede Nahrung und haben zwei oder drei Stuhlentleerungen täglich. Müssen sie eine Mahlzeit verschieben, sind sie leicht gereizt. Ihr Körperbau ist durchschnittlich. Sie sind gute Redner, können sehr gut strukturieren, sie sind ordentlich und erfinderisch sowie ehrgeizig und entscheidungsfreudig.

Ausgleichende Ernährung

Die Geschmacksrichtungen süß, bitter und herb gleichen aus. Ideal sind daher süßes, von der Sonne gereiftes Obst zur jeweiligen Jahreszeit (nicht am Abend), leicht bittere Gemüsesorten (Auberginen, Zucchini, Endivie) und magenwärmende Getreidegerichte. Saure Speisen bringen sie eher aus dem Lot. Milch und Butter (Ghee) sind zu empfehlen. Als mögliche Zwischenmahlzeit eignet sich eine warme Gewürzmilch mit Zimt, die gelöffelt wird. Hier können auch die Kuhmilch-Alternativen (Schafs-, Ziegenmilch) eingesetzt werden. Generell können sie kühle Speisen und Getränke (ohne Eiswürfel) sowie Rohkost tagsüber (in Maßen verzehrt) gut vertragen. (Siehe auch kühlende Lebensmittel, Kräuter und Gewürze Seite 52.)

Mein Tipp
Experimentieren Sie mit Ihren Geschmacksempfindungen und finden Sie heraus, was Ihnen gut tut.

Der Beta-Schwäche-Typ (B)

Diese Menschen sind sehr empfindlich und haben oft ein angeschlagenes Immunsystem. Daher neigen sie auch zu Nahrungsmittelunverträglichkeiten und Allergien und sind besonders anfällig für Infekte. Sie werden von Verlustängsten geplagt und schwitzen gerne in der Nacht. Ihre Fingernägel sind brüchig und innere Unruhe steht an der Tagesordnung.

Ausgleichende Ernährung
Durch warme, vitamin- und mineralstoffreiche Kost. Die Kost sollte histamin- und glutenarm sein. Kuhmilch und weizenfreie Speisen, angereichert mit hochwertigem, kaltgepresstem Leinöl, Hanf- oder Walnussöl sind zu empfehlen. Diese Ernährungsform sollte jedenfalls ohne verdauungsbelastende oder gar blähende Kost gestaltet werden und kaum Rohkost beinhalten. Hier eignet sich am besten die klassische Milde Ableitungsdiät. Die Ernährung sollte basenreich und möglichst histaminarm gestaltet werden.

Der Delta-Speicher-Typ (D)
Diese Menschen haben einen kräftigen Körperbau mit ausgeprägter Muskulatur und einer Tendenz, leicht an Gewicht zuzunehmen. Ihr Immunsystem arbeitet gut, sie werden selten krank.

Ausgleichende Ernährung
Warme Speisen und heiße Getränke sowie scharfe Gewürze kurbeln den langsamen Stoffwechsel an. Bitter schmeckende Speisen sowie gekochter Brei oder Püree von Hülsenfrüchten (Linsen, Bohnen) sind hier ideal. Die Mahlzeiten sollten klein und leicht sein. Fett sowie Zucker und Salz sollten nur sparsam verwendet werden.

Alle Menschen sind Mischtypen
Nur wenige Menschen sind „reine Typen". Lassen Sie sich also nicht verwirren, wenn Sie bei sich A-, B-, G- und D-Anteile gefunden haben.

Eher selten findet man Menschen, bei denen alle vier Charaktereigenschaften gleich stark ausgeprägt sind – sie zeichnen sich erfahrungsgemäß durch eine besonders große seelische und körperliche Belastbarkeit und eine auffallend gute Gesundheit aus.

Der Idealzustand ist die Ausgeglichenheit. Erst dann fühlt sich ein Mensch rundherum wohl, ist gesund und glücklich.

Die optimale Ernährung ist für jeden anders

Wie bei F.X. Mayr geht man sowohl bei der chinesischen als auch in der indischen Medizin davon aus, dass eine ganz bestimmte Kost niemals für alle Menschen gleichermaßen richtig und bekömmlich sein kann. Ganz im Gegenteil: Das Besondere dieser Ernährungslehren ist, dass sich in ihnen die ganze Vielfalt der Natur widerspiegelt. Sie sind ein lebendiges, offenes System, das bei seinen Nahrungsempfehlungen die höchst unterschiedliche Stoffwechselleistung verschiedener Menschen-Typen berücksichtigt. Auch wir passen uns ganz flexibel den Veränderungen der Verdauungskraft eines einzelnen Menschen an. In der Mayr-Medizin sagt man: „Optimalernährung ist und bleibt Individualernährung". Erst wenn Sie Ihre ganz spezielle Energiekost gefunden haben und zu sich nehmen, werden Sie sich zufriedener, leistungsfähiger und glücklicher fühlen.

Da der Kälte- oder Hitzetyp zu den am häufigsten vorkommenden Menschentypen zählt, ist es wichtig, noch detaillierter darauf einzugehen.

Praktische Energietipps für den Kälte-Typ = Gamma-Typ (G)

- ▶ Leiden Sie oft unter Kältegefühl bzw. kalten Händen und Füßen?
- ▶ Bevorzugen Sie warme Klimazonen und Jahreszeiten?
- ▶ Fühlen Sie sich nach einer heißen Suppe oder einer Tasse Tee gestärkt?
- ▶ Leiden Sie – besonders wenn Sie weiblich sind – oft unter schweren Beinen und gestauten Füßen?
- ▶ Fühlen Sie sich allgemein eher müde, lustlos, schlapp und nie richtig ausgeschlafen?

Zitat

Die Verdauungsschwäche ist die Mutter aller Leiden.
(Louise Kuhne)

Über einen hitzebetonten Speiseplan verändern Sie Ihren kältelastigen Zustand oft schon in wenigen Tagen. Und so wird's gemacht:

Bevorzugen Sie gekochte Nahrungsmittel

Sie sollten wissen: Alles Rohe fordert von unserem Organismus eine hohe Wärmeleistung, um es verdaubar zu machen. Rohes Obst und Gemüse mit Zimmertemperatur (ca. 20 Grad Celsius) müssen vom Körper zunächst auf seine „Betriebstemperatur" (37 Grad Celsius) erwärmt werden, um an den wertvollen Inhalt der Nahrung heranzukommen.

1. Zerkleinern Sie die Lebensmittel vor der Zubereitung:

    Verdauungsleistung erfordert Energie. Der Verzehr von kaum zerkleinerter Nahrung führt wegen des hohen Energieaufwandes zu Müdigkeit und Erschöpfung. Üben Sie die Esskultur nach F.X. Mayr, das hilft Ihren Verdauungsorganen und spart unnötigen Energieverbrauch.

2. Trinken Sie regelmäßig heiße Gemüsebrühe, Ingwerwasser, Grünen Tee oder Kräutertee:

    Eine lang gekochte Brühe oder klare Suppe speichert all die Wärme, die ihr während des Kochens zugeführt wurde. Versuchen Sie es einfach. Auch Extrem-Bergsteiger kochen sich im Eis klare Suppe. Die beste Suppe oder Brühe wird über offenem Feuer gekocht.

3. Salze wirken kühlend. Der Kältetyp sollte daher einen Ausgleich mit Ingwertee oder heißen Getränken schaffen. Auch Wacholder und Beifuß wären passende Gewürze, um mehr Wärme, vor allem in die Körpermitte zu bringen.

4. Trinken Sie reichlich gekochtes Wasser oder Kräutertee:

Viele Beschwerden bessern sich allein durch ausreichenden Wassergenuss (z.B. Trockenheit von Haut und Schleimhäuten, Stuhlverstopfung, Müdigkeit, Konzentrationsmangel, Kopfschmerzen). Unser Körper benötigt Wasser dringend für den harmonischen Ablauf der Nervenfunktionen und der Zellentgiftung. Gemeint ist frisch abgekochtes Wasser, welches man auch für den Tee verwendet. Sie können auch Quell- oder Leitungswasser abkochen. Nach etwa 15 Minuten bildet sich auf dem Topfboden ein weißes Pulver, das sind die ausgefällten Kalziumverbindungen. Das Wasser schmeckt jetzt süß, es belebt und wärmt.

Praktische Energietipps für den Hitze-Typ = Alpha-Typ (A)

▶ Ist es Ihnen rasch zu heiß?
▶ Bevorzugen Sie kühle Klimazonen und die kühleren Jahreszeiten?
▶ Lieben Sie frische und kühle Speisen und erfrischende Getränke?
▶ Stauen sich Ihre heftigen Gefühle manchmal so, dass Sie sich körperlich belastet fühlen?

Ihren Hitze-Überschuss können Sie innerhalb kurzer Zeit durch kältebetonte Speisen ins Gleichgewicht bringen. Und so wird's gemacht:

Achten Sie auf Flüssigkeit in Ihrem Speiseplan

Ihre gekochten Speisen sollten flüssige Anteile enthalten und so kurz wie möglich auf dem Herd stehen. Das können schnelle Eintopfgerichte mit Tomaten sein, knackige Gemüse, Gemüsesuppen, Ragouts usw. Obst und Gemüse enthalten viel natürliche Feuchtigkeit, die bei kurzen Garzeiten erhalten bleibt. Das können beispielsweise kurz gedünstete und abgekühlte Apfelspalten, Kompotte, Mus usw. sein. Trockene Nahrungsbestandteile wie Trockenfrüchte oder Müsli können durch den Zusatz von Saft oder Wasser mehr Kälte-Energie spenden. Wokgerichte mit kurzen Garzeiten fördern die Kälte und dämpfen die Hitze. Kurz gedünstete, noch knackige Gemüsestückchen machen die Komposition erfrischend.

Mein Tipp
Stellen Sie sich einen Krug mit frischem Wasser, ein gen Orangen- oder Zitronenscheiben und e nem Zweig Zitronenmelisse oder Minze auf den Tisch. Das animiert Sie zu trinken.

Fisch oder Fleisch?

Fleischkonsum spendet heiße Hitze-Energie. Als Hitze-Typ sollten Sie sich daher anstatt für Rind-, Schweine- oder anderes Fleisch für ein Stück Fisch als Eiweißlieferant entscheiden. Wenn Sie den Fisch in etwas Flüssigkeit (Fischfond) mit Soße dünsten oder als Aufstrich kalt essen (Lachstartar, geräucherter Fisch, Fischsalat), bringen Sie darüber hinaus Kälte-Anteile hinzu. Gegrillte und scharf gebratene Fleischspeisen sollten Sie selten wählen und mit genügend flüssigen, erfrischenden Beilagen kombinieren wie gekochte, kalte Gemüsesalate, Ratatouille, Wurzelgemüse, Grillgemüse. Ein wenig kühlendes Obst (etwa Melonen) oder eine Schüssel frischer Saisonsalat ergänzen den Hitze-Gehalt auf Ihrem Teller mit dem nötigen Kälte-Anteil. Oder mögen Sie ein fruchtig-erfrischendes Sorbet als Zwischengang, vielleicht in Kombination mit kühlenden Kräutern, wie einem Blatt frischer Minze? Auch damit sorgen Sie für genügend Kälte-Anteil.

Nutzen Sie Kräuter und Gewürze als Balance-Helfer

Kühlende Gewürze wie beispielsweise Minze können „heiße" Lebensmittel „abkühlen". Schärfe verteilt die Energien und löst Blockierungen im Organismus. Fühlen Sie in sich also einen Hitzestau, so kann ein wenig Schärfe Zerstreuung und Entspannung bewirken. Eine kühlende Zutat aus dem Kräutergarten bewirkt Ausgleich und Wohlbehagen.

Seien Sie zurückhaltend bei Genussmitteln

Jede Tasse Kaffee oder Schwarzer Tee und jedes Glas Bier oder Wein sollen zusätzlich mit der doppelten Menge Wasser ausgeglichen werden, um einer Austrocknung entgegenzuwirken. Leider sind alle Genussmittel (Kaffee, Tee, Alkohol, Tabak) erhitzend und wirken austrocknend. Als Hitze-Typ sollten Sie die Menge dieser Genussmittel reduzieren und außerdem genügend frisches Wasser zu sich nehmen. Im Unterschied zum Kälte-Typ wird Ihnen das Wasser abgekühlt gut bekommen.

Trockene, leichte Weißweine haben nur einen geringen Alkoholgehalt und wirken kühlend. Sie zerstreuen darüber hinaus blockierte Energie im Organismus und helfen, Stauungen zu lösen.

Lassen Sie Ihr Verdauungsfeuer lodern

Der Bauch ist ein ganz eigenes Universum im Zentrum des Leibes und maßgeblich für unser Wohlbefinden und unsere Vitalkraft verantwortlich. Wie die Pflanze mithilfe ihrer Wurzeln die lebensnotwendigen Substanzen aus dem Erdreich entnimmt, so erhält der Mensch seine Nährstoffe, Kraft und Energie aus dem Verdauungstrakt. Und mehr noch, der Bauch fühlt, speichert unsere Lebenserfahrungen, erinnert sich und sendet viel mehr Signale zum Gehirn, als er von dort empfängt.

▶ Nahrungsmittel wirken wie Heilkräuter auf Körper und Geist, nur wesentlich sanfter.

▶ Sie sind ein wunderbar einfaches Mittel, um sich täglich etwas Gutes zu tun.

Seit mehr als 3000 Jahren bedient sich die Traditionelle Chinesische Medizin (TCM) eines ganzheitlichen Ernährungssystems, um die Gesundheit des Menschen zu erhalten. Eine angemessene Ernährung im Sinne der chinesischen Medizin reflektiert die Verbundenheit des Menschen mit seiner Umwelt, den Jahreszeiten, dem Klima und mit allen Zyklen der Natur.

Die Erde ist das Zentrum der Mitte, aus der sich die anderen Elemente entfalten können. In der Mitte liegt die Kraft, in der Mitte liegt auch die Ruhe.

Zitat

Wir leben nicht von dem, was wir essen, sondern nur von dem, was wir verdauen. (F.X. Mayr)

Mehr Lebensqualität durch Energy-Cuisine

Die Ernährung der Mitte heißt Wohlfühlen

Der Aufbau und die Kräftigung von Milz, Magen und Darm sind für den gesamten Organismus von wesentlicher Bedeutung. Halten wir die Kraft unseres Verdauungssystems Mitte aufrecht, so haben wir mehr Energie und verzögern damit das Altern. Je länger unsere Verdauungsorgane in der Lage sind, in ausreichendem Maße Lebenskraft zu bilden, umso länger bewahren wir unsere Lebensessenz. Durch die Auswahl unsere Nahrung und die Art, wie wir essen, haben wir selbst einen wichtigen Einfluss auf unser gesamtes Wohlergehen. Denn die Mitte, unser Verdauungsfeuer, steht mit allen Organen in direktem Zusammenhang.

Anders als bei uns war und ist in China oder Indien die Ernährungslehre immer schon ein Teil der Medizin.

Mein Tipp

Denken Sie öfter daran, was Sie im Bauch empfinden und handeln Sie danach! Häufig sind solche Entscheidungen besser als die verstandesmäßigen.

Lebensmittel als Arzneimittel

Im Vordergrund der Energy-Cuisine steht die Lebendigkeit der Produkte und das Sonnenlicht.

Die Sonne schickt ihre unsichtbare Energie in die Zellen der Lebensmittel (Biophotonen), damit sie von uns aufgenommen werden. Dieser Prozess ist in seinen Auswirkungen ähnlich wie das Gefühlsleben eines Menschen, welches man auch nicht messen und erfassen kann. Für den Geschmack gibt es auch keinen Parameter und doch ist er von so grundlegender Bedeutung für den Feinschmecker. Man kann ruhig sagen: Ohne Gefühl und Geschmack sind alle anderen Werte bedeutungslos, denn damit erst werden echte „Werte" im Leben geschaffen.

Wir alle müssen wieder die Wurzeln der täglichen Nahrungsaufnahme erkennen und deren Be-

Lebensmittel als Arzneimittel

deutung für unsere Energiequelle „Ernährung" begreifen, damit wir zufriedener und glücklicher werden. Der kulinarische Teil ist zwar nur ein kleiner Teil davon, das Umfeld aber kann zu einer viel bedeutenderen Energiequelle für uns Menschen werden, wenn wir uns dessen bewusst werden, dass Essen und Trinken seit jeher zu den elementarsten Trieben zählt.

Die Naturverbundenheit hinsichtlich der Bedeutung von einzelnen Lebensmitteln für unsere Ernährung lehrte uns immer schon beispielhaft die jahrtausendalte TCM und der Ayurveda mit ihren Ernährungsanschauungen. Die Grundlage zur Schaffung der besten Basisenergie mit gleichzeitiger Beseitigung von unnötigen Energieverlusten über die Verdauung wird für Sie aber erst durch eine Entgiftungskur nach F.X. Mayr erfolgreich und nachhaltig erreicht werden können. Danach erst wird Ihr Körper den besten Energieaufbau über die Energy-Cuisine optimal nützen können.

Die Natur weiß genau, warum sie uns nach den vier Jahreszeiten geordnet die entsprechenden Salate, Gemüse, Kräuter und Obstsorten zukommen lässt. Daher sind unsere Naturprodukte jahreszeitgemäß auch unterschiedlich zu werten. Heutzutage aber, wo sämtliche Gemüse, Salate und Obstarten bereits ganzjährig in den Supermärkten angeboten werden, ist es für uns oft nicht leicht, sich der entsprechenden Jahreszeiten bewusst zu werden. Setzen Sie sich mit dem Jahreskreis nicht auseinander, so werden Sie energiearmes, grün geerntetes Obst bekommen, das völlig leer im Geschmack ist; das Gleiche gilt für viele Salate und Gemüse, die von weither eingeführt werden und zwar in großer Auswahl angeboten werden, jedoch nicht die nötige Energie liefern, die ihnen eigentlich innewohnen sollte, wenn die natürliche Reifung und Jahreszeit stimmt.

Mein Tipp
So wie die Natur einem natürlichen Rhythmus im Jahreskreis unterliegt, sollten auch Sie die Rhythmen des Körpers mit den unterschiedlichen Organleistungen berücksichtigen.

Wir alle sind es unserer Gesundheit schuldig, unser Wissen zu verbessern, um damit auch den Energiebedarf unseres Körpers besser zu versorgen.

So funktioniert die Energy-Cuisine

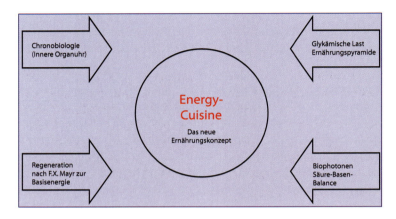

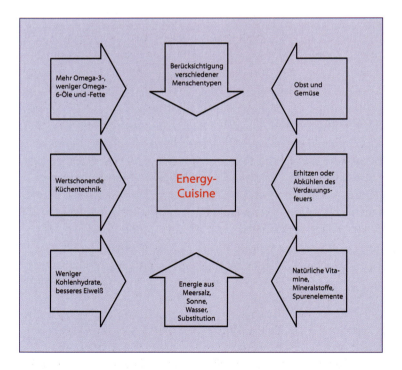

Erkenntnisse für den Menschen von morgen

Mehr Energie durch mehr Wissen

Die nach F.X. Mayr individuelle Verdauungsleistung des Körpers bezeichnet die indische Medizin als Agni, das Verdauungsfeuer, die chinesische Medizin (TCM) als Yang, da bei jeder Stoffwechselaktivität Wärme entsteht. Das Verdauungsfeuer steuert nicht nur die Verdauungstätigkeit im Magen-Darm-Trakt, sondern reguliert den gesamten Stoffwechsel bis hin zur Umformung unserer Nahrungsbestandteile in jeder einzelnen Körperzelle zu Energie oder zu neuen Körperbestandteilen (Mikronährstoffen).

Stärken Sie Ihr Feinempfinden über die Sinne

Einer der wichtigsten Aspekte bei der Energy-Cuisine ist, das persönliche Feinempfinden zu stärken. Das erreichen Sie am besten mit den bereits erwähnten, hochwertigen Grundlebensmitteln. Je mehr Sie Ihre Empfindungen wahrnehmen, je mehr Sie also Ihrer eigenen, inneren Natur wieder näher kommen, in sich hinein hören, umso größer wird Ihr inneres Feinempfinden. Ganz automatisch haben Sie dann vermehrt Appetit auf Essen, das Geist, Körper und Seele aufbaut.

Eine strenge Selbstdisziplin, die sonst bei sehr vielen Ernährungstheorien notwendig ist, brauchen Sie bei Energy-Cuisine nicht. Diese Ernährung kommt den natürlichen Bedürfnissen der vorgestellten Menschentypen in idealer Form entgegen. Kulinarische Entsagungen oder Genussverzicht gibt es bei der Umstellung auf diese neue, mediterran angehauchte Kostform nicht. Machen Sie daher die Dinge, die Ihnen Spaß und Freude machen. Essen Sie, was Ihnen schmeckt – nur am Abend sollten sie sich zurückhalten. Wohlbefinden sowie ein harmonisches Gleichgewicht für Körper und Geist werden dann Ihre Mahlzeiten hervorrufen. Lesen Sie dieses Buch und die Empfehlungen der Energy-Cuisine von Zeit zu Zeit wieder nach, um Ernährungsempfehlungen und Verhaltensweisen aufzufrischen, um sich besser orientieren und einordnen zu können. Sie werden bald merken, dass Ihr Körper zunehmend nach gesunder, energiereicher, aber auch leichter

> **Info**
>
> Wahre Köche erkennt man an der Art, wie sie Lebensmittel anfassen und damit umgehen.

verdaulicher Nahrung verlangen wird, weil er das positive Gefühl der Leichtigkeit und Zufriedenheit kennt. Ihre natürliche Körperintelligenz kehrt zurück.

Die unterschiedlichen Ansätze der Ernährungstypen nach der Energy-Cuisine bewirken, dass sich sowohl Ihr Verdauungsfeuer verbessert als auch belastende Gifte oder Schlackenstoffe abgebaut werden. Denken Sie aber auch an regelmäßige Bewegung in frischer Luft. Atmen Sie bewusst. Das fördert wirkungsvoll die Umsetzung der Verdauung und die Nahrungsaufnahme im Darm sowie in die Körperzellen. Gleichzeitig wächst der Geist und das Feinempfinden des gesunden Organismus. Ganz von selbst werden Sie so zunehmend nach Lebensmitteln und Lebensweisen greifen, die im Einklang mit der Natur stehen.

Die goldenen Regeln der Energy-Cuisine

Einkauf

▶ Möglichst heimische Lebensmittel nach entsprechender Jahreszeit kaufen.

▶ Ein Bauernmarkt bietet generell saisonbezogene Produkte an.

▶ Von der Sonne gereiftes Obst und Gemüse schmeckt am besten und hat am meisten Energie.

▶ Qualität wird über Anbauweise, Pflege, Haltung und Fütterung erreicht.

▶ Fleisch vom Biobauern schmeckt besser, bringt mehr unsichtbare Energie, Eier von frei laufenden Hühnern auch.

▶ Frischer Fisch hat klare Augen, rote Kiemen, festsitzende Schuppen und ist elastisch; die Fütterung ist entscheidend. Wildlachs schmeckt besser als Zuchtlachs!

▶ Im Freiland gezogene Tomaten schmecken besser als Hydrokulturen; achten Sie immer darauf, woher die Tomaten und Paprika kommen. Jahreszeit beachten!

Was Sie stets im Auge haben sollten

▶ Von Sonne gereift bedeutet Wärme, ist wichtig für die Gesundheit, gibt Kraft und verbreitet Wohlbefinden. Das Licht der Sonne wird in die Zellen aufgenommen und dort gespeichert. Lichtreiche Lebensmittel sind voller Leben und verändern sich schnell.

▶ Durch das Einwirken des Sonnenlichtes verbinden sich in der Pflanze Wasser und Kohlendioxid zu Glukose, dem elementaren Nahrungsmoment aller, nicht nur pflanzlicher, sondern auch tierischer und menschlicher Zellen.

▶ Im Grunde genommen besteht unsere Nahrung aus Sonnenphotonen und Lichtfrequenzen, die in pflanzlichen und tierischen Substanzen, vor allem im Zellkern gespeichert sind.

▶ Die Speicherfähigkeit unserer Nahrung für elektromagnetische Energie in Form von Sonnenlicht und Reifung bestimmt den Wert unseres Essens mehr als dessen grobstoffliche Zusammensetzung.

▶ Die Qualität unserer Lebensmittel wird daher nach neueren Forschungserkenntnissen vor allem von dem Photonen- und Informationsgehalt und nicht vom Kaloriengehalt der Nahrung bestimmt.

▶ Je höher die Lichtspeicherfähigkeit eines Lebensmittels (oder auch Medikamentes) ist, desto höher ist der Beitrag für die zelluläre Ordnung und den Energiezustand.

▶ Zur inneren Ordnung gehört auch die Ordnung im seelischen und geistigen Bereich. Meiden Sie Junk-Food und Fast-Food sowie den Mikrowellenherd. Alle Lebensmittel, die darin zubereitet werden, haben nur noch einen reduzierten Nährwert an Lichtenergie.

▶ Echte Lebensmittel tragen ihre eigene Energie in Form von Sonnenlicht mit sich. Sie sind energetisch, wie ein voll getanktes Auto mit Superbenzin.

Mehr Lebensqualität durch Energy-Cuisine

- ▶ Tiere und Lebensmittel, die unter ungesunden Lichtverhältnissen (dunkler Stall) gezogen werden, befriedigen nur das Auge, während der Körper Mangel leidet.

- ▶ Gesundheit heißt Ordnung, Krankheit heißt Unordnung, das Gleichgewicht in der Ernährung – die Balance – muss stimmen. Nicht ein Tag ist dabei entscheidend, sondern erst der Wochen- oder Monatsplan macht Aussagen über gute oder schlechte Ernährungsgewohnheiten.

- ▶ In der kalten Jahreszeit müssen wir oft die Nebelgrenze verlassen, um nicht depressiv zu werden. Sobald die Sonne aber unsere Haut bescheint, tanken wir auch Energie und sind fröhlicher und zuversichtlicher. Das gilt auch für Tiere.

- ▶ Auch der Glücksbotenstoff Serotonin hängt mit dem Licht zusammen. Sobald die Sonne schwindet und das Licht weniger wird, beginnt der Abbau vom Serotonin.

- ▶ Mit einigen kohlenhydrathaltigen Lebensmitteln kann über das Insulin noch mehr von diesem wichtigen Gehirn-Botenstoff produziert werden.

- ▶ Hektik und Lebensdruck rauben uns in dieser schnelllebigen Zeit zunehmend Energie, daher wird die natürlichste Energie, zusammenhängend mit Licht und Sonne immer wichtiger, ebenso wie Bewegung.

- ▶ Viele Menschen glauben, sie können den Rhythmus der Natur verändern, doch die Naturgesetzlichkeiten sind immer stärker, sie lassen sich nicht täuschen.

- ▶ Merken Sie sich bei Lebensmitteln: Alles was verdirbt ist lebendig, was nicht verdirbt ist meist chemisch haltbar gemacht und hat nur geringen Nährwert!

Kaufen Sie lieber wenige gute Lebensmittel als viele schlechte – das kostet nicht mehr!

Zubereitung

- ▶ Höchste Qualität von natürlichen Lebensmitteln, optimale Zubereitung und leichte Bekömmlichkeit sowie maximale Geschmackserlebnisse müssen das Ziel sein, sonst brauchen wir nicht über Genuss und Gesundheit zu sprechen.

Die goldenen Regeln der Energy-Cuisine

- Damit das Maximum an Energie in den Lebensmitteln erhalten bleibt, ist die richtige und wertschonende Zubereitungstechnik entscheidend.
- Beste kaltgepresste Öle sollten Sie nicht zum Kochen nehmen, sondern nur für Salate, Saucen und zum Aufwerten bzw. Anreichern von gekochten Speisen.
- Zum Anbraten von Fisch nehmen Sie am besten warmgepresstes Olivenöl, für Fleisch Rapsöl.
- Um Fett zu sparen, messen Sie das Öl vorerst mit einem Teelöffel (= 3 g Fett) oder mit einem Esslöffel (= 5 g Fett). So bekommen Sie bald ein gutes Gefühl für einen reduzierten Fettverbrauch.
- Verwenden Sie den Wok als fettsparenden Kochtopf, 1 EL Öl reicht schon für 4 Portionen.
- Zum Schneiden eignet sich ein Porzellanmesser am besten, es schützt vor Oxidation und hält die energetische Spannung des Lebensmittels aufrecht.

Mein Tipp
Achten Sie darauf, dass Ihr Porzellanmesser nicht auf den Boden fällt – es zerbricht leicht.

- Vollwertgetreide, kurz vor Gebrauch frisch und fein gemahlen garantiert Ihnen besten Geschmack und das Maximum an Inhaltsstoffen.
- Frischkräuter sollten Sie den Speisen immer zuletzt zugeben, getrocknete werden mitgekocht. Mit bestem Öl und Meersalz gemixt halten Frischkräuter gut einige Tage (Wochen) im Kühlschrank. Frische Kräuter können Sie auch in Alufolie einschlagen und im Gemüsekühlfach aufbewahren.
- Menschen, denen oft kalt ist, sollten die Speisen länger kochen, damit wird mehr Energie aufgenommen, am besten über offenem Feuer. Für Hitze-Typen sollten sie roh bleiben oder kurz gekocht werden.
- Kristallines Meersalz ist ein guter Informationsträger. Die Chinesen legen es oft wochenlang in die Sonne, bevor sie es verwenden, um damit mehr Energie über die Sonne aufzunehmen.
- Als tägliches Getränk nehmen Sie am besten einen großen Krug mit gutem Leitungswasser und geben ganze Zweige von Zitronenme-

lisse, Minze, 2–3 Orangen- und Zitronenscheiben hinein. Das animiert zum Trinken!

▶ Verwenden Sie – statt der Mikrowelle – besser ein Dampfgerät ohne Druck oder einen Kocheinsatz zum Garen von Gemüse und zum Warmmachen von fertig gekochten Speisen.

▶ Der Genuss steht bei uns an vorderster Stelle nach dem Motto: „Was gesund ist, muss auch gut schmecken und gut tun". Wir glauben: Genießer leben einfach länger!

Esskultur für den modernen Menschen

Das tägliche, gemeinsame Essen bei Tisch gehört zu den wichtigsten Ritualen der Menschen. Leider verschieben sich diese Rituale auf Grund stark veränderter Berufs- und Lebensbedingungen immer mehr auf die Wochenenden oder auf das Abendessen anstatt auf das Mittagessen. Hier gibt es eine praktische Lösung: Nach einem ausgiebigen Frühstück kann ein spätes Mittagessen auch ein frühes Abendessen sein.

Auch die gemeinsam geführten Gespräche oder das Tischgebet geben Kraft und Energie für den Alltag. Das sollten Sie nicht vergessen!

Essverhalten
Starke Emotionen können die Verdauungsfunktion beeinträchtigen.

Gutes Kauen
Es hilft, die Essenz aus den Lebensmitteln zu extrahieren.

Essen und trinken
Dies zu trennen ist sinnvoll, weil dadurch die Verdauungssäfte nicht verdünnt werden und die Speisen so konzentrierter aufgespalten werden können.

Der Verdauungsprozess
Er braucht Wärme zum Aufschließen der Lebensmittel. Das erfordert Energie. Daher sollten kälteempfindliche Menschen nur heiß gekochte Speisen zu sich nehmen, um Verdauungsenergie zu sparen.

Ein unterkühlter Bauch
Er bewahrt die Speisen länger als gewollt und kann unangenehme Gärung verursachen.

Was sind Fatburner?

Wie wir alle wissen, gehört Bewegung unweigerlich zum Fettabbau. Ohne Bewegung keine Nährstoffe. Aber auch eine gut durchdachte Anwendung der Energy-Cuisine kann mehr als $2/3$ sichtbares Fett einsparen. Auch die Berücksichtigung des glykämischen Index (siehe Seite 26) und eine drastische Alkoholreduktion ist vorteilhaft bezüglich der Fettverbrennung. Und was auch für Sie ganz wichtig und entscheidend ist zum Schlankwerden oder Schlankbleiben, ist der regelmäßige Verzicht auf das Abendessen an Werktagen. Auch am Wochenende sollte das Abendessen zumindest bescheiden sein .

Info
Körperliche Bewegung und viel frische Luft sind die besten Fettverbrenner.

Auf die Bewegung kommt's an

Zu einer gesunden Ernährung gehört genügend Sauerstoff und ausreichend Bewegung. Das sind für uns wichtige Grundbausteine für Gesundheit und Wohlbefinden. Erfolgreich nutzen kann der Körper beides aber nur dann, wenn auch sein inneres Ordnungssystem, nämlich Körper, Geist und Seele richtig eingestellt ist. Dazu gehört auch das natürliche Sonnenlicht!

Mehr Sauerstoff in der Einatmung bedeutet bessere Brennstoffbelieferung der Körperzellen und vermehrte Ausscheidung an Kohlensäure durch die Ausatmung. Je weniger Bewegung, desto weniger Sauerstoff, desto weniger Entsäuerung.

Körperliche Aktivitäten regen die Verdauungsfunktionen an, fördern die Verbrennungsvorgänge und verbessern die Ernährung. Für Übergewichtige gilt: Ohne Bewegung kein Essen!

Die Energy-Cuisine-Ernährungspyramide

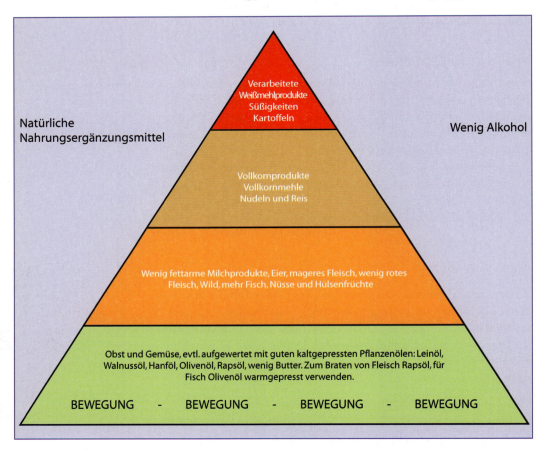

Krankheiten mit einfachen Möglichkeiten verhindern

Dazu gehört neben gesunder Ernährung und mehr Bewegung auch der Verzicht auf Nikotin sowie höchstens mäßiger Alkoholgenuss. Und so können Sie Ihr Risiko deutlich reduzieren:

Krankheiten mit einfachen Möglichkeiten verhindern

- Wenn Sie Ihr Normalgewicht halten, haben Sie gegenüber Übergewichtigen ein zehnmal geringeres Risiko für Bluthochdruck und Herzinfarkt und ein nur halb so großes Risiko, an Krebs zu erkranken.
- Wenn Sie täglich frisches Obst, Gemüse und Hülsenfrüchte in der entsprechenden Jahreszeit essen, verringert sich das Risiko, an Magen- oder Darmkrebs zu erkranken, um gut 45 Prozent. Verantwortlich dafür ist unter anderem die Folsäure in Blattgemüse und der Farbstoff Lycopin in der Tomate.
- Wenn sie das Rauchen aufgeben, verringert das Ihr Risiko, an Herzinfarkt zu sterben um gut 36 Prozent. Auch hier wirkt Obst und Gemüse mit Folsäure und Kalium positiv.
- Wenn Sie regelmäßig kaltgepresste Olivenöle oder Rapsöle oder 1–2 TL Leinöl nehmen, beispielsweise zu Salaten, Dressings oder zu gedämpftem Gemüse (Antipasti).
- Wenn Sie als Zwischenmahlzeit Walnüsse, Mandeln oder Pistazien essen; sie machen nicht dick und sind reich an ungesättigten Omega-3-Fettsäuren.
- Wenn Sie mehr Kaltwasserfische (Makrele, Hering, Lachs, Thunfisch, Kabeljau) essen und Wild; diese sind reich an Omega-3-Fettsäuren.
- Die wichtigen Omega-3-Fettsäuren finden Sie auch in Omega-3-Fischölkapseln, Grün- und Blattgemüse, Spinat, Mangold und Portulak, Avocado, Oliven, Nüssen und Keimlingen.
- Wenn Sie mindestens 2 Stunden pro Woche durch sportliche Aktivität ins Schwitzen kommen, verringert das Ihr Infarktrisiko um etwa 30 Prozent (3 mal 30 Minuten wöchentlich).

Mein Tipp

Nehmen Sie daher zum Anbraten immer warmgepresste Öle, die kaltgepressten sind viel zu schade dazu. Zum Anbraten von Fisch nehmen Sie warmgepresstes Olivenöl, für Fleisch Rapsöl.

Die Energy-Cuisine hat viele Parallelen zur mediterranen Ernährung. Den höchsten Omega-3-Gehalt besitzt das Leinöl. Es gibt aber auch Omega-3-Margarinen, die den üblichen Omega-6-Margarinen vorzuziehen sind. Fette, wie Weizenkeim-, Maiskeim-, Sonnenblumen- und Distelöl beinhalten fast nur Omega-6-Fettsäuren. Sie verschieben das Omega-6- zu Omega-3-Verhältnis nachteilhaft.

So teilt man Fette ein

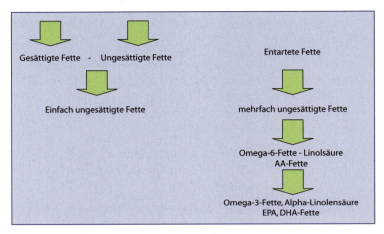

Gutes Öl ist das A und O

Dieser Nahrungsbestandteil ist wichtiger Energielieferant und Baustoff für Zellwände und Nerven. Gesättigte Fettsäuren kann unser Organismus selber bilden, ungesättigte Fettsäuren kann der Körper nicht herstellen. Wir finden sie in Gemüse, Nüssen und Oliven.

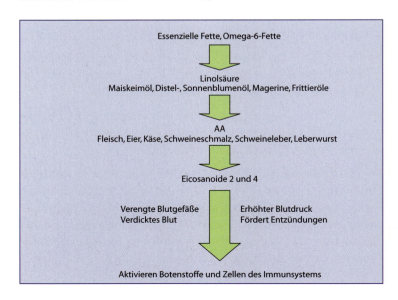

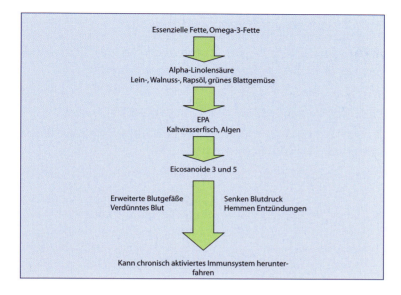

Das Verhältnis von Omega-3-Fetten zu Omega-6-Fetten liegt zur Zeit bei 1 : 20. Dieses Ungleichgewicht muss zugunsten der Omega-3-Fette entscheidend geändert werden, um gesund zu bleiben. Hier hat auch das Olivenöl eine große Bedeutung.

Olivenöl für die Herzgesundheit

Olivenöle bleiben immer fließfähig im Vergleich zu gesättigten Fetten, die nach dem Erhitzen beim Abkühlen wieder fest werden. Denken Sie an ein Bratenstück, bei dem Sie hinterher die festwerdende Flüssigkeit als Bratenfett streichen können. Oder an die Butter, die beim Erhitzen flüssig ist, nach dem Kühlen aber wieder fest wird. Das Gleiche geschieht mit Kokosfett. Alles, was hinterher fest wird, sind zumeist gesättigte Fette. Die Fließfähigkeit des Olivenöls mit dem Vitamin E ist daher das Besondere. Diese Fließfähigkeit bleibt auch nach dem Erkalten noch bestehen. So müssen Sie sich Ihren Stoffwechsel vorstellen, mit oder ohne Fettablagerungen.

Olivenöl enthält viele pflanzliche Antioxidanzien und das wichtige Vitamin E. Es kann zu hohes Cholesterin senken, besonders das schädliche LDL. Das Olivenöl gehört zu den einfach ungesättigten Fetten, welches durch seine größere Stabilität im Vergleich zu den mehrfach ungesättigten Fetten auch in unseren Blutbahnen nicht leicht ranzig wird (oxidiert).

Erhitzen Sie solche wertvollen Öle niemals, sondern verwenden Sie Qualitätsöle nur für die kalte Küche, für Salate, Dressings, zum Beträufeln von Gemüse, Suppen und so weiter. Nehmen Sie sparsam warmgepresste Olivenöle zum Anbraten und Erhitzen.

Richtiges Fett macht fit, nicht fett

- Ohne Fett gibt es kein Leben, es ist eine wichtige Energiequelle und richtiges Fett macht nicht fett sondern fit.
- Fett sättigt schneller und anhaltender als Kohlenhydrate und Eiweiß.
- Omega-3-reiche Fette finden Sie in Wild und Kaltwasserfischen wie Lachs und Hering. Je fetter der Fisch, desto besser für Herz und Hirn. Omega-3-Fette finden wir in Walnüssen, Grün- und Blattgemüse vor allem in Portulak. Den höchsten Gehalt besitzt aber das Leinöl. 1–2 TL sollen den Tagesbedarf decken. Auch Omega-Margarinen (die üblichen Diätmargarinen sind zu reich an Omega-6-Fettsäuren) und auch Fischölkapseln sind sinnvoll.
- Fette wie Weizenkeim-, Maiskeim-, Sonnenblumen- und Distelöl beinhalten fast nur Omega-6-Fettsäuren. Sie verschieben das Omega-6- zu Omega-3-Verhältnis nachteilhaft.
- Fleisch enthält – mit Ausnahme von Wild – durch die Getreidefütterung einseitig viele Omega-6-Fette.
- Meiden Sie Speisefette mit gesättigten und gehärteten Fetten, wie sie sich in industrieller Margarine, Mayonnaise, Fett in Konserven, Back- und Wurstwaren, abgepackten Nahrungsmitteln, Cracker, Chips, Fertiggerichten, Dressings, Knackwürsten, Remouladen oder frittierten Nahrungsmitteln befinden.
- Gehärtete und gesättigte Fette vervielfältigen das Risiko für Herz-Kreislauf-Erkrankungen, Hochdruck, Herzinfarkt, Schlaganfall, hohe Blutfette, Rheuma und Arthritis. Immer mehr Waren werden heute mit versteckten, künstlich gehärteten Fetten versehen und enthalten darüber hinaus noch die schlechten Transfette.
- Ungünstige Fette sind alle gesättigten und gehärteten Fette, also alle Speisefette, die bei Zimmertemperatur hart sind und durch Er-

Info

Wenn Ihnen das Essen im Gasthaus nicht bekommt, liegt es meistens am Fett.

wärmen flüssig werden. Dies sind Fette, deren wertvolle Anteile durch industrielle Bearbeitung, Konservierung, Härtung oder Sterilisation zerstört werden.

- Butter ist ein reines Naturprodukt. Sie hat mehr gesättigte als ungesättigte Fettsäuren in einer günstigen Mischung. Nur Übergewichtige sollten sie besser meiden.

- Wenn Sie Probleme im Herz-Kreislauf-Bereich haben, Hochdruck, Rheuma, Arthritis, Allergien, Asthma, Psoriasis, Depressionen oder Gedächtnisschwäche, dann überprüfen Sie, ob Sie mit Ihrer Ernährung nicht zu viele schlechte Fette zu sich nehmen oder ein starkes Defizit an Omega-3-Fettsäuren besteht. Verzehren Sie dazu noch viele ungünstige Kohlenhydrate, dann ist das Maß im wahrsten Sinne des Wortes voll.

- Nicht das Cholesterin in der Nahrung, sondern die schlechten Kohlenhydrate und die schlechten Fette sind die Hauptursache für schlechte Cholesterinwerte im Blut.

Mein Tipp
Lassen Sie sich den Genuss von Butter nicht vermiesen. Butter ist das edelste tierische Fett.

Mehr Kraft für den Tag

Beachten sollten Sie stets die Menge und die Tageszeit.

- Tagsüber eignet sich immer rohes Gemüse, wie Paprikaschoten, Tomaten, Gurken, Radieschen, Fenchel, Karotten, gelbe Rüben, Sellerie, in Stifte geschnitten, mit diversen Saucen, Oliven, Artischocken, kleine Mengen frisch gepresste und mit Wasser verdünnte Fruchtsäfte sowie frisches Obst im Jahreskreis.

- Eingelegtes Gemüse und Pilze, Nüsse, Studentenfutter, Trockenfrüchte können als vollwertige Zwischenmahlzeit gesehen werden.

- Kalte und warme, alkoholfreie Getränke je nach Bedürfnis und Typ, viel frisches Trinkwasser.

- Kopfsalat, Wildsalate, gemischte Salate mit guten kaltgepressten Pflanzenölen, Olivenöl und Balsamico-Essig.

- Eigene Kräuter-Gewürz-Mischungen, Kraftaufstriche, mit kaltgepressten Pflanzenölen, Leinöl, Joghurt und Sauermilchprodukte.

▶ Bei Fleisch, Geflügel oder Fisch geht es immer um die Produktionsfrage, die erst zur Qualität führt. Eiweiß ist für uns wichtig, aber qualitätsentscheidend sind die Menge und die Zubereitung.

Ihr Lebensmittelkorb

Obst
Tagsüber alle rohen Obstsorten, Trockenobst, Melone, Ananas, Südfrüchte in kleinen Mengen

Salate
Vorzugsweise grüne Blattsalate, Portulak und alle anderen Salatsorten nach Jahreszeit

Gemüse
Tagsüber Rohkoststifte, Spinat, Kohl, Tomaten, Gurken, Radieschen, Rettich, Sellerie, Spargel, Zucchini, Auberginen, Karotten, gelbe Rüben, Sellerieknolle, Stangensellerie, Rhabarber usw.

Kartoffeln
Alle Sorten Kartoffeln, auch Topinambur

Hülsenfrüchte
Hülsenfrüchte (nicht am Abend) wie Linsen, Erbsen, Bohnen, Zuckerschoten, Kichererbsen in kleinen Mengen, je nach Verträglichkeit

Getreide
Amarant, Quinoa, Weizen, Dinkel, Grünkern, Roggen, Waldstaude, Hafer, Hirse, Mais, Reis

Brot
Alle Sorten von guten Vollwertbroten und -fladen (getoastetes ist leichter verdaulich)

Fisch
Meeresfrüchte, alle frischen Fische, Wildlachs, Meeresfische, Kaltwasserfische

Fleisch
Weißes Fleisch wie Geflügel, Pute, wenig rotes Fleisch, am besten Wild und Wildgeflügel

Öle/Fette
Gutes kaltgepresstes Leinöl, Olivenöl, Walnussöl, Rapsöl, Hanföl, Sesamöl, wenig Butter oder Butterschmalz. Zum Anbraten von Fisch warmgepresstes Olivenöl, zum Anbraten von Fleisch warmgepresstes Rapsöl

Käse
Mozzarella, Schafskäse, Ziegenkäse, Frischkäse, Kochkäse, Stangenkäse, Bergkäse, Parmesan, alle Käsesorten, die Ihnen schmecken – aber nicht am Abend, da schwer verdaulich!

Mandeln, Nüsse
Mandeln, Datteln, Walnüsse, Studentenfutter, Erdnüsse, Macadamia-Nüsse

Marmelade
Hagebuttenmark, Bitterorangenmarmelade, Erdbeer-, Himbeermarmelade usw.

Tofu
Frischer Tofu, Sojasoße, Soja, Miso, Sesampaste

Brotaufstriche
Wie im Rezeptteil angeführt, schnell selbst gemacht

Sauermilchprodukte
Sauermilch, Joghurt (auch selbstgemacht), Quark, Hüttenkäse und Dickmilch

Gewürze
Alle frischen Kräuter, Ingwer, Kardamom, Kreuzkümmel, Ginseng, Galgant, Gewürzmischungen

Algen, Sprossen
Grünalgen, Algen, Sprossen

Salz
Kristallines Meersalz, Steinsalz, Vollsalz

Wasser
So viel wie möglich klares Leitungswasser zum Trinken, 2–3 Liter pro Tag

Tee
Pfefferminztee zum Abkühlen, alle Kräutertees, Gemüsebrühe

Säfte
Apfelsaft, Birnensaft, verdünnter Orangensaft, Sauerkrautsaft als Verdauungshilfe

Alkohol
in kleinen Mengen Weizenbier, Weiß- und Rotwein

Kaffee
Getreidekaffee, Malzkaffee, Instant-Getreidekaffee, nicht zu viel

Schützende und fördernde Extrakte in unseren Pflanzen

Stoffe	Enthalten in:
Sulfide wie Diallylsulfid und Allylmethyltrisulfid	Zwiebel, Knoblauch, Spargel
Carotinoide	vielen farbigen Gemüsen und Früchten
Ballaststoffe	Gemüsen, Obst, Getreide, Nüssen, Samen

Flavonoide	vielen Gemüsen und Früchten, Grünem und Schwarzem Tee, Wein
Folsäure	hauptsächlich in grünblättrigen Gemüse und Pflanzen
Isoflavone	hauptsächlich Hülsenfrüchten, insbesondere Soja
Isothiocyanate	Kreuzblütlern wie Kohl und Rettich, Lignane als Ballaststoffkomponenten in Leinsamen und Vollkornprodukten, Bakterien erzeugen daraus im Dickdarm ebenfalls schützendes Enterolacton
Selen	vielen Pflanzen, abhängig von der Konzentration im Boden
Vitamin C	vielen Gemüsen und Früchten
Vitamin E	Getreidekörnern, Nüssen, Samen, Ölen

... trink nicht so viel Kaffee

Die Alltagsdroge Koffein ist wohl das meistbenutzte Aufputschmittel mit anschließendem Leistungsabfall. Zu den unliebsamen Folgen von Koffein in hohen Dosen gehören vor allem Harndrang, aber auch Herzrasen, Zittern und Nervosität. Im Allgemeinen ist die Koffeinmenge im Blut nach etwa vier Stunden auf die Hälfte gesunken. Koffein ist aber auch ein Dopingmittel, das die Atmungskapazität und die Ausdauer erhöht. Nachdem Koffein aber auch die Blutgefäße verengt, vermindert es zugleich die Durchblutung des Gehirns und damit dessen Versorgung mit Glukose. Dadurch kann es bei vielen Menschen zu Kopfschmerzen, Schweißausbrüchen oder Schwindelgefühl kommen. Koffein in Form von Kaffee oder Erfrischungsgetränken ist de facto die am meisten konsumierte Psychostimulanz der Welt.

Daher unser Rat: Schränken Sie die Menge deutlich ein, achten Sie auf gut gerösteten Kaffeebohnen und trinken Sie immer genug Wasser dazu!

Natürliche Antioxidanzien in Obst und Gemüse

Nehmen sie ausreichend Ost und Gemüse davon zu sich, um Oxidationen zu vermeiden. Dazu gehören vor allem die Vitamine A, C, B3 und E, aber auch Selen, Carotinoide, Pantothensäure und Coenzym Q10. Diese Substanzen fangen Freie Radikale, also ungesättigte Sauerstoffmoleküle, im Körper und machen sie unschädlich. So wird auch rheumatischen Krankheiten vorgebeugt.

Die Bedeutung von Mineralien und Vitaminen

Fluor stimuliert besonders die knochenaufbauenden Zellen. Kalium wirkt basisch und schützt den Organismus vor Übersäuerung. Kalzium ist Hauptbestandteil der Knochen, schützt vor Osteoporose und ist

an der Muskelkontraktion beteiligt. Magnesium ist notwendig für Verbrennung, Muskelentspannung und Nervenleitung. Mangan ist wichtig für den Stoffwechsel von Knorpel und Knochen. Vitamin A fördert das Knochenwachstum. Vitamin B1 wird u.a. bei der Kollagenbildung benötigt. Vitamin C ist ebenfalls notwenig für die Kollagensynthese, es festigt sowohl Bänder als auch Sehnen. Vitamin D hilft bei der Aufnahme von Kalzium in die Knochen. Vitamin K hat vor allem einen Anteil an der Knochenmineralisation. Pantothensäure fördert den Muskelaufbau.

So erhalten Sie die Vitamine bei der Zubereitung

Denken Sie daran, dass Sie viele Nährstoffe und Energie durch die entsprechende Zubereitung erhalten oder verlieren können. Vergleichen Sie nachstehende Tabelle, dann werden Sie erken-

Wichtige Vitamine, Mineralien und Spurenelemente

Vitamin C
In allen Obstsorten
In allen Gemüsesorten
Zitrusfrüchte
Milchprodukte
Nüsse, Samen, Kerne

Selen
Pfirsich
Zitrusfrüchte
Nüsse, Samen
Fisch, Fleisch, Eier
Milchprodukte

Vitamin E
Mango, Blumenkohl, Milchprodukte
Brokkoli, Kresse, Kürbis, O iven
Kaltgepresste Pflanzenöle Olivenöl
Sojabohne, Blattspinat
Zucchini, Eier

Weitere wichtige Stoffe:

Magnesium
Blattsalate, Bohnen, Brokkoli
Kiwi, Mango, Pfirsich, Trauben
Blumenkohl, Erbsen, Kürbis
Mangold, Blattspinat, Zucchini

Zink
Kirschen, Mango, Pfirsich
Pflaumen, Fisch, Fleisch
Eier, Milchprodukte
Tomaten, Zwiebeln
Gemüse, Linsen, Pilze
Mais, Spargel, Paprika

Eisen
Nüsse, Samen, Kerne
Fisch, Fleisch
Pflaume, Artischocke
Blattsalate, Bohnen
Brokkoli, Kresse, Kürbis
Zwiebel, Linsen, Spinat

Bioflavonoide
Kirschen, Heidelbeeren
Apfel, Zitrusfrüchte
Zwiebel

Lezithin
Avocado, Sojabohne
Nüsse, Samen

Beta-Karotin
Alles Frischgemüse
Frisches Obst, Papaya,
Mango, Melone

Allizin
Zwiebel, Lauch, Knoblauch

Lykopene
Tomaten

nen, dass das Druckgaren mit Abstand die schlechteste Methode für den Vitaminerhalt ist. Die beste Methode ist Dünsten und Dämpfen.

Vitamin-C-Verlust beim Garen

Lebensmittel	Kochen	Dünsten, Dämpfen	Druckgaren
Erdäpfel	16%	7%	27%
Sellerie	51%	25%	66%
Spinat	66%	18%	35%
Kohlsprossen	34%	15%	22%
Karfiol	35%	7%	23%

Richtig essen und trinken

Gehen Sie – auch nach Kenntnis all dieser Dinge – niemals dogmatisch vor. Eine Esssünde – sofern man sie so bezeichnen kann – lässt sich leicht am nächsten Tag ausgleichen, da jede Form der Ernährung „übergeordnet" gesehen werden muss. Es gibt kein Lebensmittel, in dem alle Nährstoffe sind, es gibt aber auch kein Lebensmittel, in dem gar nichts enthalten ist.

Lust und Freude gehören zum Leben wie gutes Essen und guter Wein. Dem bewussten Essen gehört die Zukunft.

Ein Menü, eine Mahlzeit oder ein schmackhaftes Essen soll neben dem Genuss den Körper auch in einen Zustand der „Belebung" und Zufriedenheit versetzen, ihn ordnen und informieren – nur das kann die Botschaft der Nahrung sein.

Völlerei ist Gift für Ihren Körper

Rechtzeitiges Aufhören mit dem Essen soll am besten schon vor Eintritt des Sättigungsempfindens stattfinden. Die verzehrte Menge bestimmt den Grad der Bekömmlichkeit. Alles, was zu viel ist, zerstört den biologischen Wert der Nahrung. Daher ist die Pflege des halbvollen = halbleeren Bauches die ideale Voraussetzung für eine optimale Ernährung.

Abends ist der Zeitpunkt, an dem der Organismus – und sein Verdauungssystem – müder als sonst sind. Es wird mangelhafter verdaut, mehr Kost im Magen-Darm-Trakt zersetzt und vermehrt Fett gebildet. Ein üppiges Abendessen vor dem Schlafengehen stellt somit für die abends müden Verdauungsorgane eine unphysiologische Belastung dar.

Wer morgens keinen Hunger verspürt, hat abends einfach zu viel gegessen. Wenn Sie hingegen abends sehr bescheiden oder fallweise oder sogar regelmäßig nichts essen, dann werden Sie besonders gut schlafen und sich morgens erfrischt, gut gelaunt und voll Tatendrang fühlen. Sie haben morgens einen guten Appetit und finden den natürlichen Rhythmus, der mit dem „Frühstücken wie ein König" beginnt.

Energieräuber zu schweres Essen

Vermeiden Sie alle Speisen, die schwer verdaulich zubereitet werden. Der Körper verbraucht zu viel Energie für deren Verdauung. Dies sind in erster Linie Zubereitungsformen wie schwimmend in Fett ausbacken, frittieren, einbrennen, panieren, Produkte aus Schweinefleisch und alle individuell schlecht verträglichen Nahrungsmittel und Zubereitungsarten. Schränken Sie die Anwendung schlechter Fette (erhitzte Fette) und ihre Kombination mit ungünstigen Kohlenhydraten (Weißmehlprodukten) weitestgehend ein.

Zitat

Die Kost des Schmiedes zerreißt den Schneider. (F.X. Mayr)

Energieräuber Heißhunger/ Nüchternschmerz

Der häufig beklagte Nüchternschmerz, ein Heißhunger zwischen den Mahlzeiten, ist ein Krankheitszeichen bei Hyperinsulinismus. Es ist jedoch falsch, gleich etwas zu essen, und noch schlechter, Süßes zu verzehren. Sie können den Heißhunger mit Trinken und einem gehäuften Teelöffel Basenpulver auf $1/4$ Liter körperwarmes Wasser in wenigen Minuten beseitigen. Basenpulver beruhigt die basenhungrige Bauchspeicheldrüse und stoppt weitere Insulin-Überproduktion.

Mehr Lebensqualität durch Energy-Cuisine

Gleichzeitig soll aber der verursachende Konsum an ungünstigen Kohlenhydraten (Weißmehlprodukten) weitgehend reduziert und der Verbrauch an guten Fetten (Omega-3-Fette wie Lein-, Hanf-, Walnuss-, Rapsöl) erhöht werden. Am besten ist hier aber eine reguläre Mayr-Kur.

Bevorzugen Sie anstelle schwerer Vollkornbrote Vollwertprodukte. Vollwert bedeutet, das ganze Getreidekorn unmittelbar vor Gebrauch sehr fein zu mahlen, womit ein hochwertiger Mineralstoffgehalt im Produkt erhalten bleibt. Das Allergröbste an Ballaststoffen, das die zarten Verdauungsschleimhäute oft zu stark belastet, erfährt somit eine Verfeinerung.

Meiden Sie alle Getreideprodukte mit einem intensiven Ausmahlungsgrad, der zum Verlust des Mineralstoffgehaltes führt. Das Gleiche gilt für Weißmehlprodukte. Hier sollten Sie wissen, dass ein Mehl mit niedrigem Ausmahlungsgrad (z. B. Type 500) schlechter ist als ein Mehl mit hohem Ausmahlungsgrad wie Type 1200.

Viel Getreide bedeutet aber auch viele Kohlenhydrate und ein Überwiegen an den relativ ungünstigen Omega-6-Fettsäuren. Es bedeutet auch mehr Insulin im Blut und für die Bauchspeicheldrüse einen vermehrten Insulinstress.

Wenn Sie Getreide erst kurz vor der Verwendung fein mahlen, schmeckt es am besten.

Energieräuber geringe Flüssigkeitszufuhr

Wasser ist notwendig, um den Druck in den Zellen aufrechtzuerhalten. Es dient als Lösungs- und Transportmittel. Gutes Wasser ist ein unersetzliches Energie-Ur-Lebensmittel. Es dient der Erhaltung der Gesundheit und der Verlängerung eines gesunden Lebens. Je nach Gewicht soll man 1,5–2–3 Liter täglich gutes Wasser trinken. Wenn Sie Mineralwasser bevorzugen, dann besser ohne Kohlensäure, und bei Kräutertees jene, die nicht säuern. Kräutertee aus einer einzigen Pflanze ist meist günstiger als eine Kombination. Bohnenkaffee, Industriegetränke sowie Alkohol und zu viel unverdünnte Fruchtsäfte sind keine gesunden Getränke!

Trinken Sie morgens gleich nach dem Aufstehen zwei Glas warmes Wasser, ebenso tagsüber sowie etwa 1/2 Stunde vor jeder Mahlzeit. Damit regen Sie die Bildung der Verdauungssäfte und die Gesamtverdauung an. Stuhlverstopfung ist eine häufige Folge von zu geringer Wasserzufuhr.

Mein Tipp

Trinken Sie morgens gleich nach dem Aufstehen zwei Glas warmes Wasse, ebenso tagsüber sowie etwa 1/2 Stunde vor jeder Mahlzeit. Damit regen Sie die Bildung der Verdauungssäfte und die Gesamtverdauung an. Stuhlverstopfung ist eine häufige Folge von zu geringer Wasserzufuhr.

Genussvolles Essen hält jung und gesund

Kulinarischer Genuss bringt neue Energie und hat viele positive Effekte:

1. Es macht mehr Spaß und veredelt die Zeit des Essens, es kann sogar zur unauslöschlichen Lebenserinnerung aufsteigen.

2. Wir unterscheiden kritischer zwischen „gesundem und ungesundem Essen".

3. Die Verdauungsleistung ist bei einer genussvollen Grundstimmung deutlich höher.

4. Wir essen langsamer. Und je langsamer gegessen wird, desto besser funktioniert die Verdauung.

5. Die Essenszeit mutiert zur Urlaubszeit, zu einem der vielen kleinen Urlaube, die wir uns täglich gönnen sollten, um länger leistungsfähig zu bleiben.

Was wir von unseren Vorfahren lernen können

Wir Menschen unterliegen einer ganz eigentümlichen Entwicklung die ihresgleichen sucht.

Einerseits sind wir ganz normale Lebewesen, deren Entwicklung nach den Gesetzen der Evolution langsam und bedächtig fortschreitet. Andererseits puschen wir unsere Entwicklung in rasendem Tempo voran, getrieben von einem scheinbar selbstständigen, aus dem Rahmen des Bisherigen fallenden Geistes.

Info

Früher war Bewegung selbstverständlich. Der Mensch war schließlich vorrangig damit beschäftigt, nach Essbarem zu jagen.

Das Animalische in uns, also der Körper mit seinen mechanischen und vegetativen Funktionen, entwickelt sich in einem Tempo, das von der Natur vorgegeben und bei nahezu allen Lebewesen ähnlich ist. Jahrtausende, ja Jahrmillionen sind notwendig, damit genetische Veränderungen zur Anpassung an neue, andere Lebensumstände passieren. Unser Geist, unser kreativer Motor hingegen vollführt geradezu Quantensprünge und verändert unsere ganze Gesellschaft rasant und schlagartig.

Die Menschheit gibt es seit 2 Millionen Jahren. Den elektrischen Strom seit 100 Jahren, den Fernseher seit 50 Jahren und das Mobiltelefon seit gut zwölf Jahren. Zwischen diesen differierenden Entwicklungen gibt es natürlich Konflikte. Konflikte machen uns zwar kreativ, aber sie verbrauchen auch viel Energie und können Schäden anrichten. Und da der Mensch ein hervorragender Selbstbetrüger ist, merkt er diese Beeinträchtigungen oft erst sehr spät oder gar nicht.

So kommt es, dass wir unseren Lebensstil im Laufe der Zeit gewaltig geändert haben, die unbewussten, automatisierten Abläufe in unserem Körper hingegen noch nach den alten instinktiven Mustern der Urzeit funktionieren.

Ursprünglich war unser Auftrag der Natur die Nahrungsbeschaffung, die Nahrungsaufnahme und die Arterhaltung, also die Fortpflanzung. Diese früher praktisch das ganze Zeitbudget verbrauchenden Tätigkeiten wurden zu relativ marginalen Ereignissen, die wir zwar recht schätzen und, wenn möglich, mit Genuss vollziehen. In der Wertigkeit des Alltags sind uns jedoch Beruf, Kultur, Lernprozesse und Freizeitevents wichtiger geworden.

Genussvolles Essen hält jung und gesund

Was bewirkte nun den Wandel vom Jahrhunderte lang ums nackte Überleben kämpfenden Urmenschen zum sich immer schneller weiterentwickelnden abstrakteren Workaholic? Nach der Entdeckung des Feuers brachte der Ackerbau und die Züchtung von Haustieren den großen Durchbruch. Das Essen wuchs quasi vor der Haustüre und musste nicht mehr tagelang gesucht, gesammelt und gejagt werden. Schließlich bildeten sich verschiedene Spezialisierungen oder Berufe, die zuerst mit Tauschgeschäften und später der abstrakteren Bezahlungsform Geld die Beschäftigung mit der Nahrung an sich stark minimierten. Und da mit der Produktion von „Verkaufbarem mehr „erjagt" werden kann, als man zum Leben an sich benötigt, entsteht eine Gier auf mehr und damit eine Zeitnot, die nichts mehr mit den ursprünglichen Diktionen der Nahrungssuche und Arterhaltung zu tun hat.

Das soziale Verhalten änderte sich auch im Liebesverhalten. War der Urmensch noch froh, wenn er in der Wildnis einen gegengeschlechtlichen Partner fand, so ist nun durch die Bevölkerungsdichte und die vielfältigen Kommunikationsmöglichkeiten ein Überangebot vorhanden. Darüber hinaus ist eine Partnerschaft bzw. Familiengründung zum Überleben und zur Altersversorgung nicht mehr notwendig. Dieser Umstand bedingt eine anspruchsvollere Differenzierung der Partnerwahl bis hin zur Entscheidung, Single zu bleiben. Der Single ist nicht an familiäre Rituale gebunden, führt meist ein chaotischeres Leben und ist somit noch mehr Versuchungen ausgesetzt, sich vom ursprünglichen Lebenssinn zu entfernen und keine Rücksicht auf genetisch determinierte, biologische Regelmechanismen zu nehmen. Wieder werden die Prioritäten weg von alten naturgegebenen Instinkten hin zu neuen Verhaltensmustern und Werten verlagert.

Die Folge dieser Entwicklungen: Wir essen schnell, zur falschen Zeit, zu viel auf einmal und nicht immer zur Energiezufuhr, sondern zur lustvollen Ersatzbefriedigung. Und wir vergessen nur zu oft den Wert einer guten Partnerschaft, vernachlässigen zu Gunsten einer stressigen „Berufsgier" die gesunde Esskultur und oft auch alle anderen kulturell ästhetischen Möglichkeiten unseres ursprünglich immer kreativen Geistes.

Mit der richtigen Ernährung entgiften

Entgiftung, Entschlackung und Entsäuerung des Körpers: Diese Reinigung (Detox) bezieht sich auf die verschiedenen Organsysteme, das Bindegewebe, die Matrix (Grundsubstanz) und auf die mentale Einstellung der Psyche. Erst damit geben wir unserem Körper, Geist und der Seele die Möglichkeit, ihre eigenen Regenerationskräfte zu entfalten und auf die Energy-Cuisine effizient und erfolgreich zu reagieren.

Die Energy-Cuisine ist zur Beseitigung von Energieverlusten, zur Erlangung der besten Basisenergie und Energieerhaltung geeignet. Folgende ernährungsmedizinischen Erkenntnisse werden darin integriert und vernetzt:

> **Zitat**
> Man kann die Menschen in vier Klassen einteilen: solche, die sich zu Tode arbeiten, solche, die sich zu Tode füttern, solche, die sich zu Tode sorgen und solche, die sich zu Tode langweilen.
> (Winston Churchill)

- ▶ Die Biophotonen im Zusammenhang mit lebendigen Lebensmitteln.
- ▶ Die innere Organuhr des Menschen.
- ▶ Die Ernährungsansätze zu den verschiedenen Menschentypen.
- ▶ Die moderne F.X. Mayr-Medizin.
- ▶ Die Chronobiologie mit den unterschiedlichen Organleistungen.
- ▶ Unsere Energy-Cuisine ist also eine kochtechnische Quadratur des Kreises. Sie vereinigt:
  - – Eine angenehme Schonung des Verdauungstraktes je nach Konstitutionstyp.
  - – Die Milde Ableitungsdiät (MAD) als Grundkost zur Erlangung der Basisenergie.
  - – Die Entgiftung aller Organsysteme, um die Selbstheilungskräfte zu aktivieren.

- Eine spezifische Heilwirkung mit individuellen Lebensmitteln.
- Eine individuelle Anpassung je nach Menschentyp und Verdauungsleistung.
- Beste biologische Lebensmittel von höchster Qualität, im Jahreskreis geerntet.
- Hoch kultivierte Gaumenfreuden und maximalen Genuss beim Essen.

Die Energy-Cuisine wird in drei Stufen unterteilt und sichert so den besten Energieaufbau über den besten Grundumsatz zum besseren Leistungsumsatz:

1. Energy-Cuisine-Detox
Hier steht die Entgiftung des Verdauungstraktes und des ganzen Körpers im Vordergrund. Vom Teefasten über eine extrem schonende Kauschulung bis hin zu einer leicht bekömmlichen MAD-Schonkost im Säure-Basen-Gleichgewicht werden die verschiedenen Diätstufen individuell angepasst.

2. Energy-Cuisine-Healing
Zusätzlich zu allen Attributen der Entgiftung wirkt hier die spezielle zusammengestellte MAD-Nahrung direkt entzündungshemmend, antiallergisch, arteriosklerosehemmend und immunstärkend.

3. Energy-Cuisine aktiv
Das ist die ideale Ernährung für den Alltag. Nach einer vorangegangenen Entgiftung und Regeneration ist diese Kost der perfekte kulinarische Treibstoff für jeden Tag. Damit bleiben Sie gesund, vital und leistungsfähig und haben mehr Spaß am Leben.

Mein Tipp
Entgiften Sie zuerst Ihren Körper, dann erst können Sie neue Energien optimal aufnehmen und nutzen.

Zuerst entsäuern, entschlacken, entgiften

Jeder Organismus wird krank oder altert schneller, wenn er nicht regelmäßig entgiftet und gereinigt wird. Fehlernährung, Stress, Bewegungsmangel und Umweltgifte sind die Ursachen, warum der Körper mit seinen Selbstheilungskräften überfordert ist. Alle Organsysteme und ihre Zwischenzell-Substanzen sind davon betroffen. Zusätzlich kommen Belastungen im seelischen und mentalen Bereich hinzu. Stress, Unlust, Krankheit, vorzeitige Verschleißerscheinungen und eine Vielzahl von nicht näher definierten Unwohl-Zuständen sind das Ergebnis dieser Entwicklung.

Machen Sie regelmäßig einen „Ölwechsel"

Jedes neue Auto muss von Zeit zu Zeit zum Ölwechsel und einmal im Jahr zur Überprüfung in die Werkstatt, das ist eine Selbstverständlichkeit. Warum sollte es dann nicht auch wichtig sein, dass Sie zumindest einmal im Jahr für sich einen „Service mit Ölwechsel" machen, damit die „Maschine Mensch" wieder reibungslos funktionieren kann. Mit neuen Kerzen, gereinigtem Motor und gesäubertem Vergaser kommt das Auto vom Service zurück.

Bei uns Menschen sind es die angelagerten Schlacken- und Giftstoffe, die uns oft schwer belasten und dringend ausgeschieden werden sol-

Zitat

Lange leben wollen alle, aber alt werden will keiner.
(Johann Nestroy)

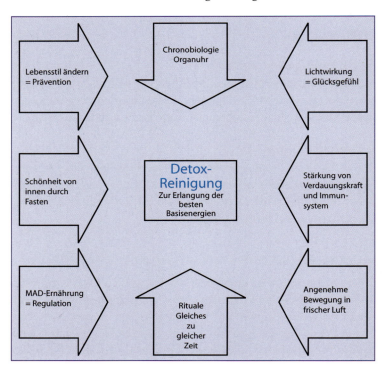

len. Die Prävention und kompetente Regeneration wird zunehmend auch zur Idee der jüngeren Generation. Sie nimmt Abschied vom Leidensdruck und der Angstkultur der Vergangenheit. Gesundheit wird immer mehr zum Gestaltungsraum für ein erfülltes, glückliches Leben.

Mit der Energy-Cuisine vorbeugen und aufbauen

Prävention und Regeneration sind die Schlüssel einer zukunftsorientierten Medizin. Es kann kein Glück, keine intelligente Entwicklung geben, wenn die bewusste Förderung des höchsten Gutes, der Gesundheit, in den Hintergrund tritt. Wenn das Fließgleichgewicht der körpereigenen Regulationsfähigkeit aus der Balance gerät, sind ordnende, stabilisierende und aufbauende Therapien von unschätzbarer, lang anhaltender Wirkung für Ihre Gesundheit.

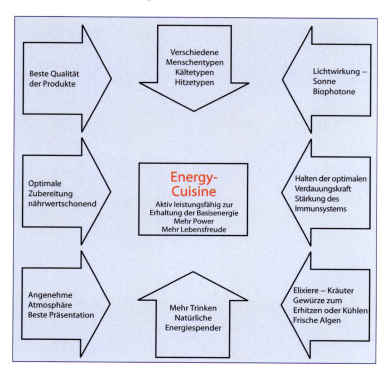

Energy-Cuisine

in der Praxis

Der optimale Tag: Frühstück, Mittagessen, Abendessen

Der optimale Tag beginnt mit der optimalen Einstellung. Freuen Sie sich darauf, aufstehen zu können, die Beine bewegen zu dürfen und erkennen Sie die Kleinigkeiten rund um Sie herum mit höchster Wahrnehmung. Freuen Sie sich auf eine Dusche, auf das Frühstück, auf einen Spaziergang, einen Frühmorgenlauf oder andere sanfte Bewegungsformen. Nicht alle haben das. Freuen Sie sich über das Zwitschern der Vögel, über die Sonne, sehen Sie die Blumen, die Natur und genießen Sie die frische Luft. Seien Sie einfach dankbar, diese Luft atmen zu dürfen. So beginnt der neue Tag, der gestrige liegt schon hinter uns, er ist bereits gestorben. Gib jedem Tag die Chance, der schönste Tag in deinem Leben zu werden.

> **Zitat**
> Lerne und respektiere, wie man ewig lebt und lebe Dein Leben, als wenn es Dein letzter Tag wäre. (Gandhi)

Das **Frühstück** fällt in jene Zeit, in der bei einigen Menschentypen die Verdauungskraft noch etwas träge ist. Daher sollte das Frühstück zwar umfangreich aber dennoch leicht bekömmlich sein. „Frühstücke wie ein Kaiser" heißt das bekannte Sprichwort. Für viele Menschen, vor allem aber für den Kälte-Typ, eignen sich am besten magenwärmende Milchbreie oder leichtes, getoastetes Vollwertbrot mit süßem Aufstrich und heißem Malzkaffee oder Tee.

Das kräftige Verdauungsfeuer eines anderen Menschentypen braucht morgens kräftige, lang anhaltende Speisen. Das Verlangen wird sich vielleicht nach etwas geräuchertem Fisch, Eieromelette oder dünn geschnittenem Schinken richten.

Andere Menschentypen, vor allem aber der Hitze-Typ, bereiten sich wiederum am besten mit einem Frühstück aus frischen, sonnengereiften Früchten (Müsli) oder kleinen Mengen frisch gepressten Fruchtsäften auf den Tag vor. Tomaten, Paprika, Peperoni, Oliven, eingelegtes Gemüse, Pilze und Artischocken werden hier begehrt. Ebenfalls empfehlenswert sind Knäckebrot zusammen mit einem heißen Tee.

Das **Mittagessen** wird zu einer Zeit eingenommen, in der das Verdauungsfeuer am stärksten ist. „Essen wie ein Bürger" heißt der Volksspruch. Hier können wir einiges aus der fernöstlichen Küche ausprobieren. Ein ausgewogenes, ayurvedisches Mittagsmenü beginnt zum Beispiel wahlweise mit einem Dessert oder mit einem Salat. Im Anschluss daran folgt das Hauptgericht, das aus folgenden Komponenten zusammengesetzt ist: Getreidespeise, Dal-Hülsenfrüchtebrei, Gemüsegericht, Mango-Chutney. Den Abschluss bildet ein Lassi-Sauermilchprodukt. Ein Dessert (Fruchtsalat/Bananenbrei) kann also durchwegs auch eine Vorspeise sein. Probieren Sie es einfach!

Das **Abendessen** sollten Sie – falls überhaupt – so früh wie möglich einnehmen. Für viele Menschen, die zu Mittag gegessen haben, ist es ratsam, auf das Abendessen ganz zu verzichten. Grundsätzlich sollte so wenig wie möglich und so leicht wie möglich gegessen werden. „Abendessen wie ein Bettelmann" heißt der Volksspruch, oder wie die Chinesen sagen: „Das Abendessen überlasse deinen Feinden"! Bedenken Sie: Wenn die Natur beginnt, sich zur Ruhe zu begeben, wird auch der Körper müde und die Verdauungskraft ist nicht mehr so stark. Daher essen Sie am Abend keine Rohkostsalate oder Obst und trinken Sie auch keine frisch gepressten Fruchtsäfte. Ebenso sollten Sie keinen festen oder gar vergorenen Käse (ganz schlecht: Edelschimmelkäse) oder andere, eiweißreiche Fleischmahlzeiten zu sich nehmen. Fisch hat zwar nahezu gleich viel Eiweißgehalt wie Fleisch, ist aber wesentlich bekömmlicher, sofern auch die Zubereitungsmethode stimmt. Besonders empfehlenswert sind abends warmes Gemüse und Kräuter-Basensuppen, hefefreie Brote, die nicht blähen können, oder Fladen mit diversen Quark- oder Brotaufstrichen, ebenso leichte, wohlschmeckende Kartoffel-, Getreide- sowie Reisgerichte.

Bei einigen Rezepten wird statt Butter, Rapsöl-Margarine oder Öl auch das Butterschmalz (Ghee) verwendet. Dieses Ghee wird in der indischen Küche zur Körperkräftigung verwendet. Sie können Ghee auch selbst zubereiten:

Mein Tipp

Lassen Sie zumindest ab und zu das Abendessen ausfallen, um Ihre Verdauungskraft und Energien zu schonen.

So bereiten Sie Ghee zu:

Geben Sie Butter in einen Topf und erwärmen Sie diese bei mittlerer Hitze. Lassen Sie die Butter dann offen leicht köcheln, bis sich ein weißer Bodensatz gebildet hat und das Fett darüber ganz klar ist. Sieben Sie das Ganze anschließend durch ein Küchentuch und lassen Sie das Ghee erkalten. Zum Aufbewahren eignet sich am besten ein Glas mit Schraubverschluss oder ein kleiner Steinguttopf. Ghee sollte man kühl und lichtgeschützt lagern. In unserer westlichen Küche ist dieses Verfahren auch bekannt: Man macht geklärte Butter (z. B. für Sauce Hollandaise) nicht anders.

Grundrezepte zum Abwandeln

Die Grundrezepte der Energy-Cuisine wurden so zusammengestellt, dass sie sehr abgerundete und ausgewogene Gerichte ergeben, die zum einen den einzelnen Menschentypen zugeordnet werden können, zum anderen können die Zutaten jahreszeitbedingt ausgetauscht werden.

Rot für den A-Typ	A
Grün für den B-Typ	B
Orange für den G-Typ	G
Blau für den D-Typ	D

Wie wir bereits wissen, sind die meisten Menschen Mischtypen. Versuchen auch Sie sich einzuordnen und wählen Sie nach Ihren persönlichen Bedürfnissen. Sie werden bald merken, was Ihnen besonders gut tut und welche Speisen Sie entweder abkühlen oder wärmen.

Frühstück

Frühstücksvorschläge für den Alpha-Typ – Hitze-Typ

Magerer Schinken, Schinkenaufstrich, geräucherter Lachs oder Forelle, Fischaufstrich, Mozzarella mit Olivenöl, Basilikum und Tomate, eingelegte Oliven, verschiedene Vollwertbrote oder Brötchen, 1 weich gekochtes Ei, $1/2$ Becher Hüttenkäse, Schnittkäse, Edelschimmelkäse, Bergkäse, Naturjoghurt, Walnüsse, Mandeln, Macadamia-Nüsse, frisches Obst nach Jahreszeit, 1 Avocado, Grapefruit, Banane, Orange oder Papaya gut gereift, Tomaten, Gurken, Paprikaschoten (je nach Jahreszeit), ein kleines Glas gepresster Orangensaft, Getreidemüsli mit Obst, Marmeladen von verschiedensten Früchten.

1 Kanne Kräutertee oder Malzkaffee mit Sahne; Minzetee, Kamille-, Salbei- oder Wermuttee wirken kühlend und können auch kalt getrunken werden. 1 Glas kaltes Wasser, lauwarmer Kräutertee oder grüner Tee.

Mein Tipp

Frühstücken Sie ausreichend und betrachten Sie ein spätes Mittagessen gleichzeitig als frühes Abendessen. Danach nichts mehr essen.

Frühstücksvorschläge für den Beta-Typ – Schwäche-Typ

Ein Glas warmes Wasser mit Zitrone nach dem Aufstehen, Tofu-Soja-Aufstrich mit Walnüssen, Schafskäse, Ziegenkäse, Putenbrust, Putenwurst, 1 EL kaltgepresstes Walnussöl oder Leinöl zum Aufwerten der Aufstriche oder Speisen, Getreidebrei aus Quinoa, Amarant, gluteinfreies Vollwertbrot, Reisbrot, Knäckebrot, getoastetes Brot. Joghurt mit Galgant oder Ingwer, etwas frisches Obst nach Jahreszeit,

Frühstück

Erdnussmus, Mandelmus, Oliven eingelegt, Lachstartar mit Kapern und Oliven, Artischockenherzen, ungeschälte Mandeln, Zucchini und Auberginen, eingelegt in Olivenöl, marinierte Sardinen mit Oliven und Schafskäse, Schafsjoghurt, Pinienkerne oder Pistazien, Trockenobst, Datteln.

1 Kanne Kräutertee oder Grüner Tee, Getreidekaffee mit Soja-, Hafer-, Kokos- oder Reismilch, Schafs-, Ziegen- oder Stutenmilch.

Frühstücksvorschläge für den Gamma-Typ – Kälte-Typ

Warmes Wasser mit Zitrone nach dem Aufstehen, heiße Gewürz-Zimtmilch (löffeln, nicht trinken!), heißer Ingwertee oder Ingwerwasser, heißer Rosmarintee oder Yogi-Tee, frisch gekochter, heißer Getreidebrei aus Quinoa, Amarant, Gofio. Brei, angereichert mit gutem kaltgepressten Pflanzenöl und evtl. etwas klein geschnittenem frischen Obst, Mandel- oder Walnusspaste, leicht bekömmliches Brot oder Gebäck, Avocado- oder Sesamaufstrich, Rührei mit Käse oder Schinken, weich gekochtes Ei, Schinken mit Ei aus der Pfanne, gebratene Banane mit Sesam, warmes Apfelkompott.

Info

Ein Früchtemüsli hat kühlende Wirkung, ein Getreidebrei wärmt jedoch.

Frühstücksvorschläge für den Delta-Typ — Speicher-Typ

1 kleines Glas Gemüse- oder Obstcocktail, frisch gepresst und nicht zu kalt, mit 1 EL kaltgepresstem Leinöl oder Olivenöl, 1 weich gekochtes Ei, Rehpastete mit Preiselbeeren, geräuchert, 1 Portion Ratatouille mit Olivenöl und Mandeln, Lachsforellenfilet, Hirschcarpaccio mariniert, marinierte Artischocken mit Oliven, fettarmer Ziegenkäse. Kaninchenterrine mit Walnüssen, Auberginenscheiben und Tomate mariniert, Dinkelbrot, Vollkornbrot, Joghurt mit Getreideflocken, Frischkornmüsli, heimisches, gut gereiftes Obst nach Jahreszeit, Apfelmus.

1 Kanne Frühstücksgetränk: Malzkaffee mit Milch, Kräutertee oder Grüner Tee.

Tipp

Ingwer verleiht Ihnen Wärme und Kraft. Sie sollten ihn aber immer frisch geschnitten verwenden und nicht reiben.

Der wärmende und Kraft spendende Getreidebrei

Jeder Mensch, der das Verlangen nach etwas anhaltend Warmem hat, sollte sich für einen Getreidebrei entscheiden; er gibt viel innere Wärme und Kraft, vor allem wenn etwas Ingwer dazu kommt. Aber auch Kardamom, Ginseng, Galgantwurzel oder Zimt kann dazugegeben werden. Der Brei kann mit frisch gemahlenem Getreidemehl, mit kaltgewalzten Getreideflocken oder mit Grieß zubereitet werden. Sie können nach dem Kochen und je nach Geschmack auch etwas Honig, Birnendicksaft, Ahornsirup, Bananenscheiben, gehackte Mandeln, Nüsse, Pinien, Sultaninen, Trockenfrüchte oder einen geriebenen Apfel dazugeben.

Frühstück

Getreidebrei mit Ingwer

2 Portionen
Zubereitungszeit ca. 5 Minuten

- 250 ml Vollmilch oder Schafs-, Ziegen-, Reis-, Hafer- oder Mandelmilch
- 3–4 gehäufte EL Dinkelgrieß
- 1 EL Sultaninen eingeweicht
- 1 TL Ghee (Butterschmalz)
- 1 TL klein geschnittener frischer Ingwer
- 1 Msp. Zimtpulver

Milch, Dinkelgrieß, Ingwer und Sultaninen in einem Topf unter Rühren erhitzen. Anschließend Butterschmalz und Zimt dazugeben und alles aufkochen lassen. Das Ganze noch etwa 5 Minuten bei niedriger Hitze quellen lassen.

Variationen:

Sie können auch andere Getreidesorten (Hirse, Dinkel, Buchweizen, Amarant, Quinoa) ganz (dauert länger) oder gemahlen nehmen. Die Rosinen können Sie auch durch getrocknete Feigen, Pflaumen oder Datteln ersetzen. Als Gewürze eignen sich ebenso Gelbwurz, Anis, Fenchel oder Kardamom sehr gut. Über Nacht eingeweichte und im Mörser zerriebene Mandeln, Walnüsse oder Pistazien geben dem Brei eine besonders feine Note und wirken auch noch nervenstärkend.

Ihr Typ:

A leicht überkühlt mit fein geschnittenen Minzenblättern

B ohne Dinkel mit 1 EL Mandelmus

C heiß mit 1 EL klein geschnittenen Datteln oder Feigen

D mit klein geschnittenem Obst

Heiße Gewürzmilch zum Erwärmen

Alle Zutaten aufkochen lassen, durchseihen, den Honig einrühren und auflösen. Die Gewürzmilch heiß servieren und löffeln, nicht trinken! Sie wärmt hervorragend von innen.

Variationen:

Sie können noch 1–2 TL Ghee oder 2 TL Mandelmus hinzugeben.

Viele Menschentypen sollten – je nach Bedürfnis – nur die Hälfte der Milch nehmen und 125 ml Wasser, $1/2$ TL Honig sowie etwas Kardamom hinzufügen.

Sie können auch Zimt oder frische Ginsengwurzel für die Gewürzmilch verwenden.

2 Portionen
Zubereitungszeit ca. 3 Minuten

- 250 ml frische Vollmilch, Schafs-, Ziegen-, Soja-, Hafer-, Reis- oder Mandelmilch
- 1 TL frischer Ingwer, feinst geschnitten
- 1 Msp. Gelbwurzpu.ver
- 1 TL Honig

Ihr Typ:

A leicht abgekühlt mit 1 EL gutem Walnussöl vermischt
B halb Schafsmilch, halb Wasser mit etwas Honig und Kardamom
C so heiß wie möglich löffeln, mit Mandelmus
D mit Nelken und Zimtrinde anreichern

Frühstück

Früchtemüsli mit Ingwer

2 Portionen
Zubereitungszeit ca. 5 Minuten

- 1 Apfel
- 1 Banane
- 1 frische Feige oder Aprikose
- 1 EL gehackte Mandeln oder/und Walnüsse
- 60 ml süße Sahne
- Je eine Prise getrockneter, frisch gemahlener Ingwer, Kardamom, Kreuzkümmel und Zimt

Die Früchte schälen, klein schneiden, mit allen Gewürzen mischen und die steif geschlagene Sahne unterheben. Sollten Sie getrocknete Feigen, Datteln oder Aprikosen verwenden, so sollten diese über Nacht eingeweicht werden. Am nächsten Tag in kleine Stücke schneiden.

Ihr Typ:

A kein Ingwer, mehr Äpfel oder Birne mit Minze

B mit 1 EL Leinöl und Sesam angereichert

C einen gekochten Getreidebrei zubereiten, Früchte untermischen

D nur Äpfel nehmen , etwas Kleie untermischen

Frischer Joghurt

Die Milch aufkochen lassen, danach die Hitze reduzieren und 5–7 Minuten köcheln lassen. Vom Herd nehmen und so lange abkühlen lassen, bis Sie problemlos einen Finger hineintauchen können. Den Joghurt in eine passende Schüssel füllen und 2–3 Esslöffel der warmen Milch zugeben. Gut verrühren und zu der restlichen Milch geben. Sorgfältig umrühren und an einem warmen Ort in einem passenden Gefäß zugedeckt 6–8 Stunden ruhen lassen, vorzugsweise über Nacht. Wenn sich der Joghurt gesetzt hat, bis zum Gebrauch in den Kühlschrank stellen.

1 Liter
Zubereitungszeit ca. 10 Minuten

- 1 l Kuh-, Schafs- oder Ziegenmilch
- 3 EL Naturjoghurt (Schaf, Ziege)

Ihr Typ:

A kühler Joghurt mit klein geschnittenen Früchten
B mit klein gehackten Trockenfrüchten und Leinöl
C temperierter Joghurt mit Ingwer und Nussmus
D mit Getreideflocken und wenig Honig

Mein Tipp

Jeder weiß, dass Joghurt aus mit Bakterienkulturen fermentierter Milch hergestellt wird und daher leicht säuerlich schmeckt. Dafür können Sie Vorzugsmilch, Vollmilch (3,5% Fett), aber auch fettarme Milch (1,5% Fett) als Rohstoff verwenden. Am besten schmeckt der Joghurt aber – auch als Alternative zur Kuhmilch – mit der fetten Schafs- oder Ziegenmilch.

Frühstück

Frischkäse

250 g
Zubereitungszeit ca. 4 Stunden

- 2 l Vollmilch, Schafs- oder Ziegenmilch
- 4 EL frisch gepresster Zitronensaft

Die Milch auf großer Flamme zum Kochen bringen. Die Hitze reduzieren und den Zitronensaft hineinrühren. Vom Herd nehmen, sobald die Milch geronnen ist und sich feste Bestandteile von der Molke trennen. Die geronnene Milch durch ein großes, mit einem Seihtuch ausgelegtes Sieb gießen. Den so gewonnenen Quark abtropfen lassen und erst weiter arbeiten, wenn das Seihtuch so weit abgekühlt ist, dass es sich gut anfassen lässt.

Das Seihtuch lose zusammenbinden und auf ein Holzbrett legen. Ein weiteres Brett oder einen flachen Deckel auf den Frischkäse legen und darauf ein schweres Gewicht, zum Beispiel einen mit Wasser gefüllten Kochtopf stellen. 4–6 Stunden entwässern, bis der Käse (Paneer) fest und kompakt ist.

Ihr Typ:

A mit Kräuterpesto oder Oliven, Sardellen, Tomaten, Salbei

B mit kaltgepresstem Lein- oder Olivenöl und Kräutern

C mit Ingwerdip oder Curry, frisch gemahlenem Pfeffer, Chili

D mit eingelegtem Gemüse, Pilzen, Artischocken, Zwiebelchen

Pikanter Frischkäse

Die Käsewürfel in eine Schüssel geben und Kreuzkümmel, Ingwer, Pfeffer und Chilischote hinzufügen. Beiseite stellen. Koriander und Zucker in einem Mörser gut verarbeiten. Zitronensaft und Salz hinzufügen. Zu der Käsemischung geben und vorsichtig umrühren. Mit Zahnstochern auf einem Holzbrett mit Oliven und kaltgepresstem Öl servieren.

4 Portionen
Zubereitungszeit ca. 5 Minuten

- 250 g Käsewürfel, je 2 cm groß
- $1/2$ TL Kreuzkümmel frisch gemahlen
- $1/2$ TL gerösteter, gemahlener Kreuzkümmel (Seite 171)
- 1 TL Ingwerwurzel feinst gehackt
- $1/2$ TL schwarzer Pfeffer frisch gemahlen
- $1/2$ TL Chilischote feinst gehackt
- 2 EL gehacktes Koriandergrün
- 1 TL grobkörniger brauner Zucker
- 1 EL Zitronensaft
- Meersalz nach Geschmack

Ihr Typ:

A ohne Chili und Ingwer, mit frischem Basilikum oder Oregano

B mit Avocadowürfeln und kaltgepresstem Leinöl

C gutes Olivenöl oder Walnussöl zugeben

D mit frischem Gemüse nach Jahreszeit und Kresse

Tofu

In China wird Tofu seit Jahrtausenden produziert. Von dort gelangte er – vermutlich über buddhistische Einflüsse – nach Japan, wo er in Anpassung an die japanischen Bedürfnisse weiterentwickelt wurde. Die Herstellung von Tofu ist derjenigen von Käse ähnlich. Käse entsteht durch die Gerinnung von (Kuh-)Milch, Tofu durch die Gerinnung von Sojamilch. Traditionelles Gerinnungsmittel in China ist Kalziumsulfat (gereinigter Gips) und in Japan Magnesiumchlorid (Nigari).

Gereinigte und über Nacht eingeweichte Sojabohnen werden gemahlen und in Dampfdrucktöpfen aufgekocht. Nach dem Kochen werden die Schalen- und Faserstoffe ausgesiebt. Die so gewonnene Sojamilch wird mit einem Gerinnungsmittel versetzt und ausgemolkt, das heißt, die eiweißreiche Substanz trennt sich von der wässrigen Molke. Der verbleibende Eiweißkuchen wird abgepresst. Nach dem Pressen wird der Tofu in Blöcke geschnitten. Die Neutralität ist die besondere Stärke von Tofu. Durch Würzung und Zutaten lässt er sich in jede beliebige geschmackliche Richtung bringen.

Eine besonders zarte und cremige Tofuvariante ist Seidentofu. Diese japanische Spezialität wird jetzt auch in Europa durch den Tofu-Hersteller Taifun angeboten.

Tofu hat hervorragende gesundheitliche Eigenschaften: Er ist rein pflanzlich, leicht verdaulich, reich an B-Vitaminen, Mineralstoffen und essenziellen Aminosäuren. Außerdem ist er kalorienarm, gluten- und cholesterinfrei. Tofu wirkt basisch und unterstützt somit auch das Säure-Basen-Gleichgewicht im Körper.

Brot und Fladen aus Vollkorngetreide

Einfache Dinkelbrotfladen

Den Ofen auf 220 °C vorheizen. Ganzes Getreide frisch mahlen. Mehl, Wasser und Salz zu einer geschmeidigen Masse verrühren. Ein Backblech mit gefettetem Backpapier auslegen. Darauf mithilfe eines nassen Esslöffels 8 Teigportionen auftragen und diese mit dem nassen Esslöffel (immer wieder eintauchen) zu sehr dünnen Fladen ausstreichen. Je dünner, desto besser! Im Ofen 20 Minuten backen, dann vom Blech nehmen und auf einem Gitter erkalten lassen.

4 Stück
Zubereitungszeit ca. 25 Minuten

- 250 g fein gemahlenes Dinkelvollkornmehl
- ¼ Liter kohlensäurereiches Mineralwasser (oder Wasser)
- 1 EL geröstete und grob gehackte Sonnenblumen- oder Kürbiskerne
- Meersalz
- Anis oder Fenchel

Ihr Typ:

A mit Anis, Fenchel, Frischkräutern, Wermut, Salbei
B glutenfrei, mit Quinoa, Amarant, Hirse, Buchweizen
C mit Oliven gehackt, Knoblauch
D mit Kürbiskernen gehackt

Ersetzen durch
Frühling: Sesam, Kresse
Sommer: Jungzwiebel, Knoblauch
Herbst: Krautstreifen, Kerbel
Winter: Sauerkraut, gehackt

Frühstück

Dinkel-Zwiebelbrötchen

15 Stück
Zubereitungszeit ca. 20 Minuten

- 500 g feines Dinkelvollkornmehl
- 1 Päckchen Hefe (42 g)
- 3/8 l lauwarme Milch
- 40 g zerlassene Butter
- 150 g fein gehackte Zwiebel
- 100 g grob geriebener Bergkäse (oder Hartkäse)
- Meersalz
- Kümmel ganz und gemahlen

Zwiebel in einer großen Pfanne mit Butter anschwitzen. Das Mehl mit der zerbröckelten Hefe in eine Rührschüssel geben, salzen, Zwiebel, die Hälfte vom Käse und gemahlenen Kümmel zugeben und alles gut verkneten. Den Teig zugedeckt an einem warmen Ort etwa 1/2 Stunde gehen lassen, dann ausrollen. Kleine Teigstücke (40 g) abstechen und daraus Brötchen formen. Auf ein bemehltes Backblech setzen, wieder etwas gehen lassen, dann mit etwas Milch bepinseln und den restlichen Käse häufchenweise draufsetzen und mit ganzem Kümmel bestreuen. Bei 220 °C 15 Minuten backen. Auf einem Gitter auskühlen lassen.

Sie können auf gleiche Art Kräuterbrötchen, Knoblauchbrötchen, Sonnenblumen- oder Kürbiskernbrötchen, Ingwer- oder Kardamombrötchen zubereiten. Wenn Sie die Brötchen einfrieren möchten, dann sollten sie das noch warm tun.

Ersetzen durch
Frühling: Bärlauch, Löwenzahn, Kresse
Sommer: Peperoni, junger Knoblauch
Herbst: Meerrettich, Oregano
Winter: Einlage Speck oder Schinken, angeröstet

Ihr Typ:

A mit Kreuzkümmel und Oregano
B mit Fenchelsamen und Olivenöl
C mit Kardamom, Ingwer oder Ginseng
D mit Galgant und Kürbiskernen, gehackt

Brot schnell und einfach

Den Ofen auf 200 °C vorheizen.

Die Mehle mischen, in eine Rührschüssel geben, Hefe zerbröseln und darüber verteilen. Wasser, Essig, Salz und Kümmel zugeben. Einen festen Brotteig kneten und diesen in ein gut bemehltes Brotkörbchen pressen. An einem warmen Ort etwa 45 Minuten gehen lassen. Aus dem Körbchen auf ein bemehltes Backblech stürzen und etwa 45 Minuten backen. Danach auf einem Gitter auskühlen lassen.

Am besten schmeckt das Brot, wenn das Getreide kurz vor Verwendung auf feinster Stufe gemahlen wird. Sie können das Brot auch nur mit Amarant, Quinoa oder Dinkelmehl machen, allerdings wird es dann etwas trockener sein.

1 kg Brot
Zubereitungszeit ca. 1 Stunde

- 300 g feines Dinkelvollkornmehl
- 300 g feines Roggenvollkornmehl (Waldstaude oder Kamut)
- 1 Würfel Hefe (42 g)
- 600 ml Wasser, lauwarm
- 1 TL Apfelessig
- Meersalz
- Kümmel, gemahlen

Ihr Typ:

A mit ganzen Walnüssen oder Mandeln
B mit Sonnenblumen-, Kürbiskernen, Olivenöl
C mit gehacktem Trockenobst und Walnussöl
D Sesam, ungeschält und Kreuzkümmel

Ersetzen durch
Frühling: Kerbel, Kresse, Fenchel
Sommer: Salbeistreifen, Koriander
Herbst: Walnüsse
Winter: Esskastanie

Frühstück

Amarantbrot mit Leinsamen (glutenfrei)

15 Stück
Zubereitungszeit ca. 1 Stunde

- 500 g helles glutenfreies Mehl
- 150 g feinst gemahlenen Amarant (Hirse, Buchweizen, Quinoa)
- 100 g Leinsamen
- 1 Würfel Hefe oder 1 1/2 Päckchen Trockenhefe
- 2 EL Olivenöl
- 1 TL Meersalz
- 3 EL Walnüsse grob gehackt
- ca. 550 ml lauwarmes Wasser

Alle Zutaten zu einem geschmeidigen Teig verkneten und in eine Brotform füllen, mit einem nassen Teigschaber glatt streichen. Mindestens 1/2 Stunde gehen lassen. Den Backofen auf 220 °C vorheizen, dann auf 200 °C zurückstellen, das Brot reinstellen und 1 Stunde backen. 10 Minuten vor Ende der Backzeit das Brot mit Öl einpinseln.

Ihr Typ:

A mit Anis, Fenchel, Frischkräutern

B mit Ingwer, Walnüssen, Leinsamen, Olivenöl

C mit Oliven gehackt, Ingwer, Galgant

D ohne Öl, mit Hirseflocken

Ersetzen durch
Frühling: frische Gartenkräuter, Brennnessel, Löwenzahn
Sommer: Oregano, Majoran, Wildkräuter
Herbst: Pistazien, Walnüsse
Winter: Fenchelsamen, Kümmel gehackt

Energy-Aufstriche und Eingelegtes

Ingweraufstrich

Alles im Mixer zu einer cremigen Aufstrichmasse pürieren.

15 Portionen
Zubereitungszeit ca. 5 Minuten

- 150 g Magerquark, Schafsquark oder gemixter Tofu
- 100 g Gervais oder Hüttenkäse
- 60 ml Kuhmilch, Soja-, Hafer- oder Reismilch
- 1 TL frischer Ingwer und Oregano, fein gehackt
- 2 EL gutes Leinöl oder natives Olivenöl extra
- Meersalz

Ihr Typ:

A mit Oregano, Thymian, Majoran oder frischen Minzenblättern
B etwas Knoblauch und 1 EL Mandelpaste, Schafs- oder Ziegenkäse
C mit gehackten Pinienkernen, Walnussöl, Chili
D mit Walnüssen und gehackten Kürbiskernen

Varianten:

Sesam-Mus (Tahin)
Dazu ist kein Rezept notwendig. Sie können es beim Türken kaufen oder es selber machen. Die Samen werden am besten in einer alten Kaffeemühle fein vermahlen und gesalzen. In Gläser füllen und kühl stellen. Dieser Aufstrich enthält neben hochwertigem Eiweiß auch viel Kalzium und Magnesium.

Gomasio
Gomasio ist ein traditionelles asiatisches Würzmittel aus Sesamkernen und Meersalz. Um es herzustellen, wird Salz und Sesam ohne Fett geröstet und dann fein gemahlen. Man nimmt 7 Teile Sesam und 1 Teil Meersalz.

Frühstück

Tofu-Olivenaufstrich

15 Portionen
Zubereitungszeit ca. 5 Minuten

- 100 g Tofu
- 100 g geriebener Ziegen- oder Schafskäse
- 50 g entsteinte, grob gehackte, grüne Oliven
- 2 EL gutes Leinöl oder natives Olivenöl extra
- 2 EL Sauerrahm oder Sahne
- (evtl. 2 EL gehackte Kürbiskerne oder Walnüsse)

Alles im Mixer zu einer cremigen Aufstrichmasse pürieren.

Ihr Typ:

A mit Salbei oder Minzeblättern, Oregano, Petersilie

B mit Knoblauch und Ingwerscheibchen plus Leinöl, Sojamilch

C mit Pinienkernen und gutem Leinöl, Ingwer

D mit Walnüssen und gehackten Kürbiskernen

Energy-Aufstriche und Eingelegtes

Roter oder grüner Tomatenaufstrich

Die ofengetrockneten Tomaten mit Brühe aufkochen und reduzieren, bis die Flüssigkeit fast komplett eingekocht ist, dann auskühlen lassen. Sesam mit Tomaten, Tomatenmark, Minze und Olivenöl grob aufmixen, andere Gewürze zugeben und einige Stunden ziehen lassen.

Ihr Typ:

A kein Pfeffer, frisches Basilikum, Oregano, Petersilie
B mit Pinienkernen, Walnusspaste und gutem Leinöl
C mit Knoblauch und Ingwerscheibchen, Chili, Chutney, Leinöl
D mit Walnüssen, grünen Algen, Sojasprossen

15 Portionen
Zubereitungszeit ca. 10 Minuten

- 10 ofengetrocknete Tomaten oder 10 grüne Tomaten, geschält, geviertelt und entkernt
- 80 g Sonnenblumenkerne
- 1 Bund Basilikum
- 1/8 l gewürzte Gemüsebrühe
- 2 EL schwarzer Sesam
- 2 EL gutes Tomatenmark
- 1/16 l gutes Olivenöl
- 1 TL edelsüßes Paprikapulver
- 1 Zweig rote Minze
- Meersalz und Pfeffer aus der Mühle

Frühstück

Eingelegte Pilze

**2 Einmachgläser mit etwa
3 dl Inhalt
Zubereitungszeit ca. 10 Minuten**

- 500 g frische Pilze, wie Champignons, Eierschwämme, Steinpilze, Halimasch
- 3 dl guten Weißweinessig
- Meersalz
- 1 Peperoni entkernt, in Ringe geschnitten
- 2 Knoblauchzehen in Scheiben geschnitten
- 1 Tl schwarze Pfefferkörner
- 2–4 dl kaltgepresstes Rapsöl, Hanföl oder gutes Olivenöl

Pilze sorgfältig säubern, kleine ganz lassen, große blättrig schneiden. In leicht gesalzenem Essigwasser portionsweise 3 Minuten köcheln, herausheben und auf Küchenkrepp trocken tupfen. Pilze mit allen Zutaten in die Gläser schichten. Mit Öl auffüllen, bis der Inhalt gut bedeckt ist. Gläser gut verschließen. Haltbarkeit ca. 1–2 Monate.

Ihr Typ:

A ohne Peperoni mit Perlzwiebelchen, Wermut und Oreganozweig

B mit Ingwerscheibchen, Kurkuma, Rosmarinzweig

C mit Zwiebel- und Paprikascheibchen, Chili, Meerrettich

D mit klein gewürfelten Tomaten und Gemüse

Eingelegtes Gemüse

Zucchetti in Scheiben schneiden. Peperoni halbieren, entkernen und Vierecke schneiden. Mit gesalzenem Essig kurz blanchieren, abgießen und trocken tupfen. Gemüse mit allen Zutaten in die Gläser schichten. Mit Öl auffüllen, bis der Inhalt gut bedeckt ist. Gläser gut verschließen. Haltbarkeit im Kühlschrank 1–2 Monate.

2 Einmachgläser mit etwa 3 dl Inhalt
Zubereitungszeit ca. 10 Minuten

- ca. 800 g Zucchetti
- Je 1 gelbe und rote Peperoni
- 3 dl guter Weißweinessig
- Salz
- 1 Peperoni entkernt, in Ringe geschnitten
- 2 Knoblauchzehen in Scheiben geschnitten
- 2 Zweige frischer Zitronenthymian
- 1 TL schwarze und rote Pfefferkörner
- 2–4 dl kaltgepresstes Rapsöl, Hanföl oder Olivenöl

Ihr Typ:

A Peperoni weglassen, rote Zwiebelringe zugeben

B Artischocken, Karottenscheibchen, Leinöl

C zusätzlich Ingwerscheibchen, Kurkuma, Galgant, Kreuzkümmel

D zusätzlich Mixed-Pickles, Brokkoli-Röschen, Olivenöl

Frühstück

Marinierte Peperoni

4 Portionen
Zubereitungszeit ca. 30 Minuten

- 1 kg Peperoni

Für die Sauce:
- 3 EL Aceto-Balsamico weiß
- 6 EL kaltgepresstes Rapsöl, Hanföl oder gutes Olivenöl
- 3 EL frisch gehacktes Basilikum oder Oregano
- Meersalz, Pfeffer aus der Mühle

Peperoni auf den Rost legen und im 220 °C heißen Ofen etwa 20 Minuten rösten, bis sich braune Blasen bilden. Peperoni sogleich in einen Plastikbeutel legen, gut verschließen und einige Minuten liegen lassen. Anschließend die Haut abziehen. Peperoni halbieren, entkernen und in breite Streifen schneiden. Auf einer Platte anrichten.

Alle Soßenzutaten verrühren, Peperoni mit der Soße marinieren.

Ihr Typ:

A mit Minzeblättern, fein geschnittenen Paprika statt Peperoni

B mit Pinienkernen und gutem Leinöl

C mit Knoblauch, Meerrettich und Ingwerscheibchen

D mit Walnüssen und gehackten Kürbiskernen

Mittagessen

Salate, Gemüse und Dressing

Salatdressing

Zuerst Essig, Wasser, Senf, Honig und Salz mit dem Stabmixer gut verrühren. Erst zum Schluss Öl dazugießen und gut aufmixen, bis das Dressing sämig wird. Sie können statt Wasser auch Gemüsebrühe nehmen oder auch 1 EL gehackte grüne Algen oder Ingwer dazumischen.

Ihr Typ:

A mit frischen Minzeblättern, Salbei, gehackten Küchenkräutern
B mit Pinienkernen, Walnüssen und gutem Leinöl
C mit Knoblauch und Ingwerscheibchen, Leinöl
D mit Joghurt natur oder Sauerrahm

15 Portionen
1 Portion = 30 ml pro 100 g Blattsalat
(hält gut im Kühlschrank)

- 70 ml besten Apfelessig oder Balsamicoessig
- evtl. 1 TL Bienenhonig
- 40 ml Wasser
- 1 TL Meersalz
- 1 EL Dijonsenf
- 500 ml bestes, natives Rapsöl oder natives Olivenöl extra, Kürbiskernöl, Hanf-, Leinsamen-, Walnussöl

Mittagessen

Blattsalat – Grundrezept

4 Portionen
Zubereitungszeit ca. 15 Minuten

- 200 g frisch geputzter Blattsalat, Feldsalat, Zupfsalat, Löwenzahn oder Kopfsalat mit Rucola
- 4 EL natives Olivenöl extra, Leinöl, Hanföl, Walnussöl
- 3 EL bester Balsamicoessig
- Meersalz
- etwas Pfeffer aus der Mühle

Als möglicher Zusatz zum Salat:
- 50 g gute Oliven, Schafskäsewürfel, Avocado- oder Papayastreifen
- 50 g geräucherter Tofu fein gewürfelt
- 30 g Jungzwiebelstreifen, Rucola, Bärlauch oder Schnittlauch
- 100 g klein geschnittene Tomatenwürfel, Fenchelstreifen

Ersetzen durch
Frühling: Schnittsalat, Kopfsalat, Zupfsalat, Rucola
Sommer: Krautsalat, Eissalat, Kopfsalat, Küchenkräuter
Herbst: Feldsalat, Chinakohl, Zuckerhut
Winter: Endivien, Eissalat

Den Salat in einer möglichst großen Schüssel mit dem Dressing mischen. Sparsam salzen und nach Belieben die angeführten Variationen zusätzlich berücksichtigen.

Ihr Typ:

A mit Petersilie, Schnittlauch, Kresse, Portulak

B mit Pinienkernen, Papaya, gutem Leinöl, Avocado

C mit Knoblauch und Ingwer, Schafskäse, Ziegenkäse, Oliven

D mit Artischocken, Paprikaschoten, Schwarzwurzeln, Sellerie

Salate, Gemüse und Dressing

Mangoldspinat mit Ziegenkäse

Die Stiele vom Blatt trennen und in 5 cm lange Stücke schneiden. Das Blattgrün separat in Stücke schneiden. Schalotten in Rapsöl anschwitzen und die Stiele (Stängel) mitschwitzen. Salzen und pfeffern. Immer wieder mit etwas Gemüsebrühe auffüllen und weich dünsten. Das Blattgrün untermischen und kurz (1 Minute) fertig dünsten. Die Kirschtomaten dazugeben, aus der Kasserolle nehmen und erkalten lassen. Danach mit Ziegenkäse und Olivenöl anrichten.

Sie können auch zarten Büffelmilch-Mozzarella oder Schafskäse verwenden. Dazu passen Walnüsse, Haselnüsse oder gehackte Mandeln.

4 Portionen
Zubereitungszeit ca. 5 Minuten

- 500 g Mangoldspinat geputzt
- 50 g Schalotten fein geschnitten
- 200 g Ziegenkäse – Frischkäse (Schaf, Kuh)
- 10 Kirschtomaten geviertelt
- 1 EL Rapsöl, Oliven- Lein- oder Hanföl
- 2 EL natives Olivenöl
- Meersalz, Pfeffer

Ihr Typ:

A mit Minze, Zitronenmelisse oder Kresse
B mit Pistazien und Sojasprossen, Leinöl
G mit Ingwer, Ginseng oder Galgant
D mit Sesam und grünen Algen

Ersetzen durch
Frühling: Blattspinat, Spargel
Sommer: Roter Mangold, Frischkraut
Herbst: Radicchio, Stangensellerie
Winter: Schwarzwurzeln

Mittagessen

Grünkernsalat mit Ziegen-Frischkäse

4 Portionen
Zubereitungszeit ca. 5 Minuten

- 100 g Grünkernschrot
- 3 EL natives Olivenöl extra (Lein-, Hanf-, Rapsöl)
- Saft von 1/2 Zitrone
- 2 Tomaten klein gewürfelt
- 2 kleine Ziegen-Frischkäse (oder Schaf-Mozzarella)
- 1 weiße Zwiebel fein gewürfelt
- 1/2 Knoblauchzehe fein gehackt
- frische Thymianblätter und Oreganoblätter
- fein geschnittener Sauerampfer

Grünkernschrot in etwa 50 ml Mineralwasser etwa 90 Minuten aufquellen lassen. Dann mit Olivenöl, Knoblauch, Kräutern, Zwiebel- und Tomatenwürfel vermischen und marinieren.

Den Grünkernsalat anrichten und den in Scheiben geschnittenen Ziegenkäse obenauf geben.

Ihr Typ:

A mit gehacktem Leinsamen und Zitrone
B mit feinen Ingwerstreifen oder kandiertem Ingwer
C mit Galgant oder Ginseng, Chili
D mit grünen Algen oder Sprossen

Ersetzen durch
Frühling: Bachkresse, Rucola, Löwenzahn
Sommer: Blattspinat, Portulak
Herbst: Peperoni, Chili, Paprika
Winter: Grünkohl, Ingwer

Salate, Gemüse und Dressing Teil 3

Rohe Gemüsestifte mit Sauerampfer-Dip

Staudensellerie waschen und Stangen ablösen. Karotten und gelbe Rüben schälen, Salatgurke schälen und Kerngehäuse mit einem kleinen Löffel herauskratzen. Paprika halbieren und entkernen. Fenchel ebenfalls halbieren und vom Strunk befreien. Frühlingszwiebeln waschen und ein Drittel des Grüns abschneiden.

Alles Gemüse in etwa $1/2$ cm dicke und 5 cm lange Stifte schneiden. Gemüse bis zum Verzehr in ein feuchtes Tuch wickeln und kühl stellen.

Ihr Typ:

A mit Minze-Chutney und Leinöl
B mit Ingwerdip, Leinöl und Meersalz
C mit Cocktail-Sauerrahmsauce, Ingwer
D mit Joghurt und Kreuzkümmel

4 Portionen
Zubereitungszeit ca. 3 Minuten

- 4 Stangen Staudensellerie
- 2 Karotten
- 2 gelbe Rüben
- 1 Salatgurke
- 1 Tomate
- je 1 rote, gelbe und grüne Paprikaschote
- 1 Fenchelknolle
- 1 Bund Frühlingszwiebeln

Für den Sauerampfer-Dip:

- 1 kleiner Bund Sauerampfer in feine Streifen geschnitten
- 1 kleiner Bund Schnittlauch in feine Streifen geschnitten
- 200 g griechischer Joghurt (Schafs- oder Ziegenjoghurt)
- 1 Knoblauchzehe fein gehackt
- 1 EL frischer Zitronensaft
- Meersalz
- Pfeffer aus der Mühle
  alles vermischen!

Ersetzen durch
Frühling: Mairettich, Radieschen
Sommer: weißer Rettich, Kohlrüben
Herbst: Petersilienwurzel, Sellerie
Winter: schwarzer Rettich

Mittagessen

Carpaccio von Roter Bete

4 Portionen
Zubereitungszeit ca. 5 Minuten

- 4 Stück mittelgroße Rote Bete (mit Grün)
- 1 TL feinst geschnittener Ingwer
- 2 EL natives Olivenöl extra (Lein-, Hanf-, Rapsöl)
- 1 EL Zitronensaft
- 2 Scheiben Vollkornbrot oder Fladen (Seite 111)
- 20 g gute Bauernbutter oder Mandelaufstrich
- Meersalz, Pfeffer aus der Mühle

Rote Bete schälen und roh in hauchdünne Scheiben schneiden. Das geht am besten mit einer Schneidemaschine oder mit einem feinen Hobel. Die Rote Bete flach auf einem großen Teller ausbreiten. Ingwerstreifen darüber streuen. Kurz vor dem Servieren mit Olivenöl und Zitronensaft beträufeln. Dazu Vollkornbrot großzügig mit Butter bestreichen, mit etwas Meersalz und Pfeffer würzen.

Sie können natürlich auch in der Schale gekochte rote Rübchen auf diese Art zubereiten. Dazu passen sämtliche Aufstriche im Rezeptteil.

Ihr Typ:

A mit Meerrettich und Pfeffer
B mit Leinöl, Walnüssen, Oliven gehackt
C mit gehackten Oliven, Gürkchen, Chili und Kapern
D mit Weizenkleie und Joghurtdip

Ersetzen durch
Frühling: Zucchini, Auberginen
Sommer: grüne und rote Tomaten
Herbst: junge Sellerieknolle
Winter: Rettich, Schwarzwurzel

Klare und gebundene Suppen

Klare Gemüsebouillon mit Ingwer

Ingwer und das klein geschnittene Wurzelgemüse mit kaltem Wasser aufsetzen. Alle Gewürze zugeben und ca. 20 Minuten köcheln lassen. Suppe abseihen und mit Salz, Pfeffer und Sojasoße abschmecken. Zuletzt das kaltgepresste Öl darüber träufeln und mit der Einlage servieren, mit Schnittlauchröllchen garnieren.

Diese Bouillon können Sie zum Erwärmen auch tagsüber (ohne Öl) als Brühe trinken.

Einlage:
Gemüsestreifen, Eidotter, Dinkelfritaten (-flädle), Nudeln, Fischnockerl, Basilikumnockerl

Ihr Typ:

A ohne Ingwer mit Suppenkräutern

B mit Knoblauch und Ingwerscheibchen, Leinöl

C mit Zwiebelscheiben oder Lauch, Chilischote

D mit Leinöl und Gemüsewürfelchen als Einlage

4 Portionen
Zubereitungszeit ca. 20 Minuten

- 1 l Wasser
- 300 g frisches Gemüse klein geschnitten, wie Fenchel mit Grün, Stangensellerie, Sellerieknolle, Petersilienwurzel, Karotten, gelbe Rüben Gemüsegrün, Liebstöckel
- 1 Tl pflanzliche Streuwürze
- 1 TL Schnittlauchröllchen
- 1 TL frisch geschnittener Ingwer (mit Schale) oder Kardamom
- 1 TL Meersalz
- 2 Lorbeerblätter
- 8 Pfefferkörner
- 1 TL Sojasoße
- 1 EL kaltgepresstes Hanf-, Raps- oder gutes Olivenöl

Ersetzen durch
Frühling: Liebstöckel, Maggikraut
Sommer: Zitronenthymian, Lavendel
Herbst: Oregano, Kerbel, Koriander
Winter: Schnittlauch, Petersilie

Mittagessen

Chili-Ingwersuppe

4 Portionen
Zubereitungszeit ca. 15 Minuten

- 100 g gelbe Rüben oder Karottengemüse geschält und geschnitten
- 50 g mehlige Kartoffeln geschält und klein geschnitten
- 2 Bund Jungzwiebeln fein geschnitten
- $1/16$ l Weißwein
- ca. $1/2$ l Gemüsebrühe
- 2 EL Sauerrahm
- 1 EL Rapsöl
- Meersalz, Pfeffer
- 1 EL Ingwerwurzel fein geschnitten
- $1/2$ TL Chilischote feinst gehackt

Rapsöl in einer Kasserolle erhitzen und zuerst Zwiebeln kurz anschwitzen. Kartoffeln und Rüben zugeben, kurz mitschwitzen lassen, mit Gemüsebrühe auffüllen, salzen und in ca. 10 Minuten weich kochen lassen. Im Mixglas mit Sauerrahm und Weißwein pürieren und mit Ingwer, Chili und Pfeffer gut abschmecken, nochmal kurz mixen. Diese Suppe ist hervorragend zur Stärkung geeignet.

Ihr Typ:

A mit Küchenkräutern ohne Chili

B mit Leinöl, Mandelmus und Pfeffer

C mit Mandelmus, Galgant und Leinöl

D ohne Sauerrahm

Ersetzen durch
Frühling: Fenchel
Sommer: Petersilienwurzel
Herbst: Kohlrabi
Winter: Karotten

Klare und gebundene Suppen

Selleriesuppe mit Kurkuma

Zwiebeln oder Lauch in Öl anschwitzen und Sellerieknolle (mit Selleriegrün) kurz mitschwitzen lassen. Mit Gemüsebrühe auffüllen, salzen und weich kochen. Im Mixglas mit Kurkuma, Sauerrahm oder Joghurt fein pürieren und mit Salz, Muskat und Pfeffer aus der Mühle gut abschmecken. Mit gehacktem Selleriegrün oder feinen Küchenkräutern garnieren.

4 Portionen
Zubereitungszeit ca. 15 Minuten

- ¾ l Gemüsebrühe
- 1 EL Rapsöl
- 50 g Zwiebeln oder Lauch fein geschnitten
- 200 g Sellerieknolle geschält und klein gewürfelt
- ½ TL Kurkuma
- Meersalz, Pfeffer, Muskatnuss
- evtl. etwas Selleriegrün oder frischer Liebstöckel
- 2 EL Sauerrahm oder Schafsjoghurt

Ihr Typ:

A mit Küchenkräutern ohne Pfeffer
B mit Leinöl und Schafsjoghurt
C mit gemixten Nüssen, Ingwer
D 1/2 Karotten, ½ Sellerie

Ersetzen durch
Frühling: Staudensellerie
Sommer: Rüben
Herbst: Petersilienwurzel
Winter: Sellerieknolle

Mittagessen

Zucchinisuppe mit Koriander

4 Portionen
Zubereitungszeit ca. 10 Minuten

- 1 EL Rapsöl
- 250 g klein gewachsene Zucchini gewürfelt
- je 50 g Zwiebeln und mehlige Kartoffeln geschält und sehr klein geschnitten
- ca. ¾ l Gemüsebrühe
- 1 EL frischer Zitronensaft
- 2 geschälte und entkernte Tomaten klein gewürfelt
- Meersalz, Pfeffer
- ¼ TL Kardamom
- ¼ TL Chilischote kleinst geschnitten
- etwas frischer Koriander

Zuerst Zwiebeln in einer Kasserolle mit Rapsöl anschwitzen, Kartoffeln zugeben, salzen und mit Gemüsebrühe auffüllen. Kurz kochen lassen, dann erst Zucchini dazugeben und fertig garen. Im Mixglas mit Zitronensaft, Kardamom und Chili fein pürieren und mit Meersalz und Pfeffer gut abschmecken. In Suppentellern anrichten und mit Tomatenwürfeln und Koriander garnieren.

Ihr Typ:

A mit Oliven und Algen ohne Chili
B mit Leinöl und Nüssen
C mit Mandelmus, Ingwer und Leinöl
D mit Leinöl oder Walnussöl

Ersetzen durch
Frühling: Fenchel
Sommer: Gurken
Herbst: Erbsen
Winter: Kartoffeln

Klare und gebundene Suppen

Erbsensuppe mit Ingwer

Klein geschnittene Schalotten in einer Kasserolle mit Öl anschwitzen, Erbsen zugeben, salzen und mit Gemüsebrühe weich kochen lassen. Gefrostete Erbsen sind in 2–3 Minuten fertig. Dann im Mixglas mit saurer Sahne, Ingwer und Cayennepfeffer fein pürieren und gut abschmecken.

Ihr Typ:

A ohne Ingwer und Pfeffer
B mit Sojasoße und Leinöl
C mit Leinöl und grünen Algen, Chili
D mit Tofu und Sojasoße

4 Portionen
Zubereitungszeit ca. 5 Minuten

- 1 EL Raps- oder Olivenöl
- 50 g Schalotten fein geschnitten
- 500 g Zuckererbsen frisch oder gefrostet
- ca. 1 l Gemüsebrühe
- 2 EL saure Sahne oder Schafsjoghurt
- Cayennepfeffer frisch gemahlen
- 1 TL Ingwer feinst geschnitten, frisch
- Meersalz

Ersetzen durch
Frühling: Bach- oder Gartenkresse, Bärlauch
Sommer: Kichererbser, Knoblauch
Herbst: Linsen, Bohnen, Tofu
Winter: Hülsenfrüchte nach Belieben

Mittagessen

Knoblauch- oder Bärlauchsuppe

4 Portionen
Zubereitungszeit ca. 15 Minuten

- 100 g Zwiebeln fein geschnitten
- 10 Knoblauchzehen fein geschnitten
- 30 g fein gemahlenes Dinkel-Vollwertmehl
- 20 g Butter und 20 g Olivenöl
- $1/2$ l Gemüsebrühe
- $1/2$ l Milch
- $1/8$ l süße Sahne
- 2 Scheiben Vollkornbrot gewürfelt und getoastet
- Meersalz, Pfeffer aus der Mühle
- 1 EL Petersilie fein gehackt

Zwiebel und Knoblauch in Öl und Butter anschwitzen. Das Dinkelmehl kurz mitrösten und unter ständigem Rühren mit heißer Milch und Gemüsebrühe auffüllen. Salzen und etwa 15 Minuten kochen lassen. Im Mixglas mit Sahne und Petersilie pürieren und mit Salz und Pfeffer gut abschmecken. In Suppentellern anrichten und mit den Brotwürfeln garnieren.

Tauschen Sie je nach Jahreszeit Knoblauch gegen Bärlauch, Jungzwiebeln oder Peperoni aus.

Ihr Typ:

A mit frischen Küchenkräutern
B mit Leinöl und Ingwer
C mit Ingwer, Kardamom, Ginseng, Galgant
D ohne Brot, ohne Butter

Ersetzen durch
Frühling: Bärlauch, Salbei, Schnittlauch
Sommer: Jungzwiebel
Herbst: Peperoni
Winter: Knoblauch

Klare und gebundene Suppen

Wildkräutersuppe mit Oliven

Zwiebelringe in Olivenöl goldgelb anrösten, Kartoffel zugeben, kurz mitrösten, mit Gemüsebrühe auffüllen, salzen und weich kochen lassen. Im Mixglas mit Kresse, Salbei, Bärlauch, Oliven und Rahm pürieren, mit Pfeffer und Muskat abschmecken. Anrichten und mit wilden Veilchen und Kapuzinerkresse garnieren.

Ihr Typ:

A mit Minze, Salbei, Wermut und Petersilie
B mit Leinöl und Pfeffer
C mit Pfeffer, Chili, Ingwer
D Joghurt statt Rahm

4 Portionen
Zubereitungszeit ca. 15 Minuten

- 50 g Frühlingszwiebeln, klein geschnitten
- 1 Bund frischer Bärlauch in Streifen geschnitten
- 2 EL Olivenöl
- 30 g entkernte, griechische Oliven grün
- 300 g mehlige Kartoffeln geschält, geschnitten
- 50 g Bach- und Gartenkresse (ohne Stiel)
- 1 EL frische Salbeiblätter geschnitten
- 1 l Gemüsebrühe
- 4 EL süßen Rahm
- Meersalz
- frisch geriebene Muskatnuss
- Pfeffer aus der Mühle
- einige wilde Veilchen und Kapuzinerkresse (biologisch)

Ersetzen durch
Frühling: Löwenzahn, Kresse, Wildkräuter
Sommer: Oregano, Majoran, Zitronenthymian
Herbst: Feldsalat, Schnittlauch, Frischkraut
Winter: Kohl, Kraut, Schwarzwurzeln

Bouillabaisse

4 Portionen
Zubereitungszeit ca. 20 Minuten

- je 200 g Reinanken-, Seeforellen-, Hecht-, Zanderfilet entgrätet

Für die Suppenbasis:
- 1 l Gemüsebrühe
- 2 EL Olivenöl
- 2 Schalotten klein gewürfelt
- 2 geschälte, entkernte Tomaten gewürfelt
- 1 Knoblauchzehe fein geschnitten
- 1 Stück Sternanis
- einige Safranfäden, Cayennepfeffer, Meersalz

Für die Einlage:
- 3 Jungzwiebeln
- 1 gewürfelte Tomate geschält und entkernt
- 1 kleine Fenchelknolle
- je 1 Zweig frischer Zitronenthymian, Estragon, Petersilie, Dill
- 15 ml Portwein
- 15 ml Pernod
- 2 EL gutes, kaltgepresstes Olivenöl

Fische in ca. 1,5 cm breite Stücke geschnitten. Vor Gebrauch mit Koriander aus der Mühle und Meersalz würzen.

Gemüsebrühe zusammen mit Gewürzen, dem Gemüse für die Gemüsebasis (und eventuell Karkassen vom Fisch) zum Kochen bringen, 1 Stunde ziehen lassen (Schaum abschöpfen) und durch ein Tuch seihen. Olivenöl in einem Topf erhitzen, gefällig geschnittenes Gemüse darin anschwitzen, mit Portwein und Pernod ablöschen. Mit 2/3 der Fischsuppe aufgießen, Frischkräuter und Safran zugeben, salzen und kurz kochen lassen. Suppe in eine Terrine gießen, die gewürzten Fischstücke und Tomatenwürfel drauflegen, zudecken und etwa 10–15 Minuten nachziehen lassen (kann auch kurz ins 180 °C heiße Backrohr gestellt werden).

Ihr Typ:

A mit frischem Basilikum fein geschnitten oder Küchenkräutern

B mit gutem Leinöl, frischen Algen

C mit Pfeffer, Knoblauch, Ingwer, Kardamom, Galgant

D mit grünen Algen fein geschnitten, Brokkoli

Ersetzen durch
Frühling: Brunnenkresse
Sommer: Zitronenthymian
Herbst: Kerbel
Winter: Schnittlauch

Kartoffelsuppe mit Buchweizen

Kartoffeln und Möhren schälen und würfeln. In 20 g Butter andünsten. Brühe und Lorbeerblätter dazugeben, 10 Minuten kochen. Frühlingszwiebeln in feine Ringe schneiden. Buchweizengrütze und Frühlingszwiebeln in der restlichen Butter bei mittlerer Hitze 5 Minuten rösten und in die Suppe geben und aufkochen. Oreganoblättchen grob schneiden und mit saurer Sahne in die Suppe rühren, nicht mehr kochen lassen! Mit Salz, Pfeffer und Muskat würzen. In Tellern anrichten und Buchweizen darüber streuen.

Sie können auch ganzen Buchweizen am Vortag kochen und dann als Einlage für die Suppe verwenden.

4 Portionen
Zubereitungszeit ca. 15 Minuten

- 700 g mehlige Kartoffeln
- 150 g Möhren
- 40 g Butter
- 1 l Gemüsebrühe
- 2 Lorbeerblätter
- 3 Bund Frühlingszwiebeln
- 30 g Buchweizengrütze
- 1 Bund Oregano frisch
- 300 g saure Sahne
- Meersalz
- Pfeffer aus der Mühle
- Muskatnuss frisch gerieben

Ihr Typ:

A mit Minze, Liebstöckel, Melisse

B mit Ingwer, Kardamom, Gelbwurz

C mit Kreuzkümmel und wenig Peperoni

D mit grünen Algen und Sprossen

Ersetzen durch
Frühling: Jungkarotten, gelbe Rübchen, Spargel
Sommer: Jungzwiebel, Knoblauch
Herbst: Frischkraut, Kerbel
Winter: Schwarzwurzel, Petersilie

Mittagessen

Dinkelsuppe

4 Portionen
Zubreitungszeit ca. 20 Minuten

- 80 g Zwiebeln
- 40 g Butter
- 50 g Dinkelmehl frisch gemahlen (Reis-, Hirse-, Buchweizen-, Amarant-, Quinoa-, Hafermehl)
- je $1/2$ l Milch und Gemüsebrühe
- $1/8$ l süße Sahne
- 1 EL Petersilie fein gehackt
- Meersalz, Muskatnuss

Klein geschnittene Zwiebeln in Butter anschwitzen, das Mehl dazugeben, kurz mitschwitzen lassen und mit Milch und Gemüsebouillon aufgießen. Salz und Kümmel zugeben. Etwa 15 Minuten köcheln lassen. Mit Sahne, Muskatnuss und Petersilie abschmecken.

Ihr Typ:

A mit Honig und Zimt
B mit Leinöl und Mandelmus
C mit Ingwerstreifen u. Pfeffer
D mit Dinkelkleie und Schnittlauch

Ersetzen durch
Frühling: Liebstöckel
Sommer: Majoran, Kerbel
Herbst: Salbei, Koriander
Winter: Schnittlauch, Petersilie

Reisgerichte – die vitale Basisnahrung

Indischer Basmatireis

Reis kalt waschen und gut abtropfen. Zusammen mit Safranfäden, Zimt und Gewürznelken in eine Kasserolle geben und mit kaltem Wasser übergießen. Erhitzen und zugedeckt 10–12 Minuten dünsten. Schalotten und Ingwer in Sesamöl anschwitzen und zusammen mit Koriander, Minze und Joghurt unter den Reis mischen. Noch einmal kurz erhitzen und salzen.

4 Portionen
Zubereitungszeit ca. 15 Minuten

- 250 g Basmatireis
- ½ l Wasser
- einige Safranfäden
- 1 Stückchen Zimtrinde
- 1 Gewürznelke
- 3 Schalotten fein gewürfelt
- 1 TL Ingwer fein gehackt
- je 1 EL Minze und frische Korianderblätter fein geschnitten
- 125 ml Schafs- oder Ziegenjoghurt
- Meersalz

Ihr Typ:

A mit frischen, fein geschnitten Küchenkräutern
B mit geriebenem Schafskäse u. Leinöl
C mit Knoblauch, Ingwer, Galgant
D mit grünen Algen fein geschnitten

Ersetzen durch
Frühling: Löwenzahn
Sommer: Salbei
Herbst: Oregano
Winter: Schnittlauch

Mittagessen

Jasminreis

4 Portionen
Zubereitungszeit ca. 35 Minuten

- 4 Portionen
- 200 g Jasmin-Reis
- 450 ml Wasser
- 6 Kaffir- oder Limonenblätter
- 1 Stange Zitronengras, zerdrückt
- 2 Schalotten, fein gewürfelt

Den rohen Reis in eine Auflaufform geben. Limonenblätter knicken und im Ganzen zum Reis geben. Leicht gesalzenes Wasser zum Kochen bringen, fein geschnittene Schalotten und Zitronengras beigeben. Kurz ziehen lassen und dann damit den Reis übergießen. Das Ganze mit Alufolie abdecken und für etwa 30 Minuten im Ofen bei 180 °C garen lassen. Abschließend mit in feine Streifen geschnittenen Kaffirblättern bestreuen.

Ihr Typ:

A mit frischer Minze fein geschnitten oder Küchenkräutern
B mit geriebenem Schafskäse und Leinöl
C mit Knoblauch, Ingwer, Galgant, Kardamom
D mit grünen Algen und Pilzen fein geschnitten

Ersetzen durch
Frühling: Spargel, Kohlrabi
Sommer: Tomaten, Paprika
Herbst: frische Pilze
Winter: Radicchio, Chicorée

Reisgerichte – die vitale Basisnahrung

Risotto

Klein gewürfelte Schalotten in Olivenöl anschwitzen, den gewaschenen Reis hineinstreuen und schwenken, bis er glasig wird. Mit Pfeffer, Salz, Lorbeerblatt und Knoblauchzehe würzen. Mit Weißwein ablöschen und unter ständigem Schwenken (nicht rühren) dünsten lassen. Immer wieder mit heißer Gemüsebrühe aufgießen, sobald die Flüssigkeit verkocht ist.

Varianten:

Mit frischem Kräuter- oder Gemüsepüree (Tomate, Lauch, Basilikum, Avocado, Jungzwiebel, Portulak, Kresse, grüne oder rote Tomatenwürfel) sowie Gewürzen (Ingwer, Kardamom, Koriander, Galgant, Safran, Ginseng, Peperoni). Experimentieren Sie einfach mit Ihren Lieblingsgewürzen.

4 Portionen
Zubereitungszeit ca. 15 Minuten

- 200 g Risottoreis (Avorio oder Vialone)
- 1 EL Olivenöl
- 1 Knoblauchzehe
- ½ l Gemüsebrühe
- ⅛ l trockener Weißwein
- 1 Lorbeerblatt
- 2 Schalotten
- 1 EL Olivenöl
- Meersalz, Pfeffer aus der Mühle

Ihr Typ:

A mit frischer Minze fein geschnitten oder Küchenkräutern

B mit Koriander und Leinöl

C mit Ingwer, Kardamom, Galgant

D mit Gemüsepüree und Tomaten

Ersetzen durch
Frühling: Veilchen, Gänseblümchen, Löwenzahn
Sommer: Salbei, Koriander
Herbst: Kerbel, Portulak
Winter: Schnittlauch, Petersilie

Mittagessen

Fleischlose Köstlichkeiten

Möhren- oder Kürbisgemüse mit Ingwer

4 Portionen
Zubereitungszeit ca. 15 Minuten

- 800 g Karotten oder Kürbis geschält
- je 3 Zucchini gelb und grün (mit Blüte)
- ½ TL frischer Ingwer fein geschnitten
- 1 TL Bienenhonig
- 20 g Butter
- ⅛ l Gemüsebrühe
- Meersalz, Pfeffer aus der Mühle

Das Gemüse in 1 cm starke Stifte schneiden. Zucchini mit Blüte halbieren. Ingwer schälen und sehr klein schneiden oder hacken. Butter in einer Kasserolle zerlassen, Kürbisgemüse kurz anschwitzen, mit Gemüsebrühe auffüllen und zugedeckt etwa 10 Minuten kernig weich dünsten lassen. Falls notwendig etwas Brühe nachgießen. Ingwer zugeben und mit Salz und Pfeffer abschmecken. Achten Sie darauf, dass die Stücke nach dem Dünsten ganz bleiben, deshalb eine große Kasserolle nehmen und sehr behutsam umrühren. Die Flüssigkeit soll völlig verdunsten.

Ihr Typ:

A mit Minzeblättern und Salbei

B mit Galgant oder Ginsengwurzel

C mit Walnüssen oder Mandeln, Ingwer

D ohne Butter, nur gedämpft mit Chutney

Ersetzen durch
Frühling: grüner und weißer Spargel
Sommer: Tomate, Paprika, Kohlrüben
Herbst: gelbe Rüben, Petersilienwurzel
Winter: Sellerie, Radicchio

Erbsschoten mit Kuskus und Schafskäse

Kuskus trocken anrösten, mit Gemüsebrühe auffüllen, salzen, einmal aufkochen und zugedeckt bei ausgeschalteter Kochplatte etwa 10 Minuten quellen lassen. Die Flüssigkeit muss dann verdunstet sein.

Die Erbsschoten in einer großen Pfanne mit Butter anschwitzen und zugedeckt kurz dünsten lassen. Mit Salz, Pfeffer und Muskatnuss würzen. Zum Getreide anrichten und mit Schafskäse bestreuen.

Sie können Kuskus auch in ein Tuch wickeln und über Wasserdampf (im Kocheinsatz mit Deckel) garen. Dadurch bleibt er besonders luftig und locker.

4 Portionen
Zubereitungszeit ca. 10 Minuten

- 300 g Kuskus oder Bulgur (Hartweizen)
- ca. 700 ml Gemüsebrühe
- 400 g Zucker-Erbsschoten, geputzt
- 20 g Butter
- 50 g Schafskäse gerieben
- Meersalz, Muskat
- Pfeffer aus der Mühle

Ihr Typ:

A mit Olivenpaste und Joghurt

B mit Leinöl und Walnüssen

C mit Ingwer, Kardamom, Chili

D mit Algen und Sprossenjoghurt

Ersetzen durch
Frühling: Spargel, Kresse, Wildkräuter
Sommer: Tomaten, Paprika, Peperoni
Herbst: Kohl, Bohnen
Winter: Schwarzwurzeln, Kraut

Mittagessen

Kichererbsen-Tagliatelle

8 Portionen
Zubereitungszeit ca. 20 Minuten

- 125 g Dinkel- oder Weizenmehl, frisch gemahlen
- 125 g Kichererbsenmehl, fein gemahlen
- 30 g Buchweizenmehl
- ½ Brief Safranpulver
- 5 Eigelb
- 200 ml Wasser
- 2 EL Olivenöl
- Meersalz, Muskatnuss

Alle Mehle, Safran und Gewürze mischen. Dann erst Eigelb, Wasser und Olivenöl beigeben und am besten in einer Rührschüssel mit Knethaken 3–4 Minuten gut durchkneten. Aus dem Teig eine Rolle formen, in Frischhaltefolie einpacken und für 1 Stunde im Kühlschrank ruhen lassen. Den Nudelteig in 2 Teile schneiden, auf mehligem Untergrund mit dem Handballen plattdrücken und mit der Nudelmaschine (oder mit dem Rollholz) hauchdünn ausrollen. Die Nudelteigbahn mit etwas Mehl bestäuben, einrollen und mit einem Messer in etwa einen halben Zentimeter dicke Streifen schneiden. In leicht wallendem, gesalzenen Wasser 4–5 Minuten al dente kochen.

Ihr Typ:

A mit etwas frischer Minze fein geschnitten oder Küchenkräutern

B mit geriebenem Schafskäse und gutem Leinöl

C mit Knoblauch und Ingwer, Peperoni

D mit Kräuterpesto und Tomatenwürfel

Ersetzen durch
Frühling: Frühlingskräuter
Sommer: Selleriestreifen
Herbst: Portulak
Winter: Petersilie

Fleischlose Köstlichkeiten

Brokkoli-Karottenauflauf mit Portulak

Die Kartoffeln im Kocheinsatz weich dämpfen, abkühlen lassen, pellen und in Scheiben schneiden. Brokkoli putzen, in Rosen teilen und mit den Karottenscheiben ebenfalls weich dämpfen und abkühlen lassen. Zwiebel in Olivenöl anschwitzen. Alles zusammen in eine große Schüssel geben, in der Sie gut durchmischen können. Schafskäse, Chilischote, Crème fraîche, Portulak, Eidotter, Kreuzkümmel und geriebene Muskatnuss zugeben, salzen und alles zusammen locker unterheben bzw. miteinander vermischen. Eine feuerfeste flache Form mit etwas Olivenöl ausfetten und die Masse ca. 5cm stark aufstreichen. Mit Tomatenwürfeln und Schafsmozzarella bestreuen und im vorgeheizten Ofen bei 200 °C etwa 15–20 Minuten goldbraun überbacken.

4 Portionen
Zubereitungszeit ca. 25 Minuten

- 500 g mehlige Kartoffeln mit Schale
- 200 g Karotten geschält und in Scheiben geschnitten
- 100 g grob geriebener Schafskäse
- 2 EL Olivenöl
- 100 g Jungzwiebel mit Grün, fein geschnitten
- 1 kg frischer oder 500 g gefrosteter Brokkoli
- 250 g Crème fraîche
- 2 Bund Portulak grob geschnitten
- Meersalz
- Kreuzkümmel gemahlen und
- Cayennepfeffer, Muskatnuss
- $1/2$ TL Chilischote, kleinst geschnitten
- 2 Eidotter
- 100 g geschälte und entkernte Tomaten, klein gewürfelt
- 100 g Schafsmozzarella, klein gewürfelt

Ihr Typ:

A ohne Chilischote mit Oregano
B mit Mandelmus und Leinöl
C mit Ingwer u. Schafsjoghurt
D mit Gartenkresse, Sprossen und Algen

Ersetzen durch
Frühling: Spargel
Sommer: Blumenkohl
Herbst: Pilze
Winter: Brokkoli

Mittagessen

Erdäpfelgnocchi

4 Portionen
Zubereitungszeit ca. 70 Minuten

- 1 kg mehlige Kartoffeln
- ca. 250 g Vollwert-Dinkelmehl
- 80 g Dinkel- oder Weizengrieß
- 1 Hühnerei
- Meersalz
- Muskatnuss
- 100 g Rucola
- 100 g Steinpilze frisch, geschnitten
- 20 g Butter
- 80 g Schafskäse gerieben

Die gebürsteten Kartoffeln in Alufolie wickeln und bei 200 °C auf dem Backofenrost ca. 1 Stunde backen. Herausnehmen, pellen und etwas abkühlen lassen. Dann in eine Schüssel pressen und mit Ei, Salz, Muskat, Mehl und Grieß kurz mischen. Den Teig auf einer bemehlten Arbeitsfläche noch mal kurz durchkneten, vierteln und 4 dünne Stränge rollen. Mit einem Messer 1 cm breite Gnocchis abschneiden und die Schnittfläche gut bemehlen. In kochendes Salzwasser einlegen, wenn sie aufsteigen, ganz kurz kochen lassen.

In einer Pfanne Butter schmelzen, grob geschnittenen Rucola und Steinpilze anschwitzen, Gnocchi mit einem Netzschöpfer herausnehmen, abtropfen, zugeben und durchschwenken. Anrichten und mit Schafskäse bestreuen. Mit Rucola garnieren.

Gut schmecken die gekochten Gnocchi auch am nächsten Tag, wenn Sie sie nur anbraten.

Ihr Typ:

A mit Salbei und frischem Parmesan
B mit Tomatenwürfel und Schafskäse, Leinöl
C frisch gehackte Oreganoblätter, Ingwer
D mit Petersilie und Gemüseragout

Ersetzen durch
Frühling: junge Spinatblätter, Spargel, Pinienkerne
Sommer: Kohlrabigemüse, Mangold
Herbst: Kohlgemüse, Paprikawürfel
Winter: Wirsing, Sauerkraut

Luftiges Zwiebelsoufflé

Zwiebeln putzen, schälen und im kochenden Salzwasser ca. 10 Minuten kochen, herausnehmen und abkühlen lassen. Danach in Streifen schneiden und abtropfen. Für die Soße Butter zerlassen, Mehl zugeben, kurz anschwitzen und mit heißer Flüssigkeit aufgießen; aufkochen. Zwiebeln zugeben, würzen und abkühlen lassen. Die Eier trennen, die Dotter zur Soße mischen, die Eiweiß mit einer Prise Salz steif schlagen und unterheben. Die Massen in zwei ausgebutterte Formen füllen und im vorgeheizten Ofen bei 180–200 °C 30 Minuten backen.

4 Portionen
Zubereitungszeit ca. 35 Minuten

- 400 g Zwiebeln
- 100 g Bergkäse gerieben
- 2 Hühnereier

Für die Sauce:
- 1/4 l heiße Milch
- 1/4 l heißes Zwiebelwasser
- 50 g Butter
- 60 g Vollkorn-Dinkelmehl
- Meersalz, Muskatnuss
- Pfeffer aus der Mühle

Ihr Typ:

A mit Knoblauch, Minze oder Bärlauch
B mit Leinöl beträufeln und mit Melisse garnieren
C mit Minz- Joghurt-Chutney, Ingwer
D mit Sesam und Kleie

Ersetzen durch
Frühling: Frühlingszwiebeln
Sommer: junger Knoblauch
Herbst: frische Pilze
Winter: Sauerkraut, gehackt

Mittagessen

Bohnengulasch mit Kartoffeln

4 Portionen
Zubereitungszeit ca. 40 Minuten

- 400 g Buschbohnen
- 400g Kartoffeln, geschält und geviertelt
- 1 mittelgroße Zwiebel
- 2 Knoblauchzehen
- 1 EL Tomatenmark
- 2 EL Paprikapulver
- 1 1/2 l Gemüsebrühe (oder Wasser mit Streuwürze)
- 40 g Butter
- 1/8 l Schlagrahm
- 1/8 l Sauerrahm
- Meersalz, Muskatnuss
- frisches Bohnenkraut, Majoran oder Oregano
- Pfeffer aus der Mühle
- 1 EL Maisstärke

Bohnen putzen, Fäden abziehen, waschen und halbieren. Klein geschnittene Zwiebeln und Knoblauch in einem Topf mit Butter anschwitzen. Tomatenmark und Paprikapulver zugeben, kurz mitschwitzen, Bohnen und geviertelte Kartoffeln zugeben und mit Gemüsebrühe auffüllen. Mit Salz und Majoran würzen. Ca. 35 Minuten weich kochen und mit Schlagrahm – verrührt mit Maizena –, Pfeffer und klein gehackten Frischkräutern gut abschmecken. Kurz aufkochen. Anrichten und mit Sauerrahm garnieren.

Sie können auch Sojawürstchen oder gebratene Tofuwürfelchen als zusätzliche Einlage ins Gulasch geben.

Ihr Typ:

A mit klein geschnittenen Oliven

B mit Minze oder Zitronenmelisse

C mit Chili und Ingwer

D mit Sojasprossen und Kleie

Ersetzen durch
Frühling: Spargel
Sommer: Wurzelgemüse
Herbst: Pilze, Kraut, Kohl
Winter: Sauerkraut, gehackt

Paprika-Hirsotto mit Bärlauch

Zwiebel oder Lauch mit Paprikaschoten im Wok oder in der Kasserolle mit Olivenöl anschwitzen. Die Hirse zugeben, mit Gemüsebrühe auffüllen, salzen und zugedeckt etwa 25 Minuten dünsten lassen. Zuletzt Bärlauch untermischen und mit Salz und Muskatnuss abschmecken. Anrichten und mit geriebenem Bergkäse bestreuen.

Sie können statt Hirse auch Rundkornreis nehmen und das Ganze mit 200 g klein geschnittenem Gemüse dünsten.

Ihr Typ:

A mit Minze, Oregano oder Majoranstreifen

B mit Garam-Marsala und Oliven

C mit Chili und Ingwerstreifen

D mit Sesampaste

4 Portionen
Zubereitungszeit ca. 35 Minuten

- 200 g Goldkernhirse
- 50 g Zwiebel oder Lauch klein geschnitten
- 2 Bund Bärlauch in Streifen geschnitten
- 1 EL Olivenöl
- 500 ml Gemüsebrühe
- 50 g kleine Paprikaschoten klein geschnitten
- 50 g grob geriebenen Bergkäse
- Meersalz, Muskatnuss frisch gerieben

Ersetzen durch
Frühling: Bärlauch, Spargel
Sommer: Zucchini, Melanzani, Tomaten
Herbst: Pilze, Kraut, Kohl
Winter: Bohnen, Endivie

Mittagessen

Gesundes Eiweiß aus frischem Fisch und Geflügel

Lachs- oder Felchenfilet mit Rucolaschaum

4 Portionen
Zubereitungszeit ca. 10 Minuten

- 4 frische Lachs- oder Felchenfilets (à ca. 120 g) oder anderer Fisch
- 50 g Schalotten fein geschnitten
- 1 EL Olivenöl
- 1/8 l trockener Weißwein
- 1/4 l Sahne oder fette Ziegen- oder Schafsmilch (auch Crème Légère)
- 1 Hand voll Rucola oder Kresse gut gesäubert und klein geschnitten

Schalotten klein schneiden und mit Olivenöl in die Pfanne geben. Kurz anschwitzen. Lachs- oder Felchenfilet mit Salz, Pfeffer, Zitronensaft würzen und auf die Schalotten legen. Mit Weißwein angießen und zugedeckt kurz (1–2 Minuten) dünsten. Felchenfilet herausheben und warm halten.

Fond mit Sahne ablöschen, zur Hälfte reduzieren lassen, bis die Sahne dicklich wird, Rucola untermischen, abschmecken, mit 2 EL geschlagener Sahne aufmontieren und über den Fisch anrichten. Eventuell Filets darin kurz erwärmen.

Ihr Typ:

A mit Dill oder Basilikum

B mit frischen Salbei- oder Oreganoblättern

C mit Galgant, Cayenne-Pfeffer, Peperoni, Knoblauch

D mit Petersilie oder Zitronenthymian

Ersetzen durch
Frühling: Blattspinat, Spargel grün und weiß
Sommer: Tomaten, junges Wurzelgemüse
Herbst: gelbe Rüben, Karotten
Winter: Wirsing, Kraut, Linsen

Goldbrasse auf Fenchelgemüse

Die vorbereitete Brasse auf beiden Seiten einschneiden, innen und außen salzen und ganz leicht pfeffern. Jeweils einen Thymian- und Petersilienzweig in die Bauchhöhlen legen und die Oberseite des Fisches mit einem Thymianzweig belegen.

Die vorbereiteten Gemüse in feine Streifen schneiden und auf dem Dämpfrost oder Einsatz verteilen. Mit Salz, Pfeffer und Ingwer würzen und den Fisch darauf legen. Dampfzeit etwa 15–20 Minuten. Zuletzt evtl. mit etwas zerlassener Butter bepinseln. Dazu passen fein geschnittene, bunte Gemüsestreifen, etwas Blattspinat oder Mangold.

4 Portionen
Zubereitungszeit ca. 25 Minuten

- 1 Goldbrasse (Dorade royale) ca. 500 g
- Meersalz, Pfeffer aus der Mühle
- 2 Zweige Zitronenthymian
- 1 Zweig Petersilie
- 1 Fenchelknolle ca. 150 g
- 50 g Karotten
- 50 g gelbe Rübchen
- 1 TL frischer Ingwer, fein geschnitten

Ihr Typ:

A mit Dill, Kresse oder Basilikum

B mit Tomaten, frischem Salbei oder Oregano

C mit Galgant, Cayenne-Pfeffer, Peperoni, Knoblauch

D mit Petersilie oder Zitronenthymian

Ersetzen durch
Frühling: Blattspinat, Spargel grün und weiß
Sommer: Tomaten, junges Wurzelgemüse
Herbst: gelbe Rüben, Karotten
Winter: Wirsing, Kraut, Linsen

Mittagessen

Lachsforelle in der Salzkruste

4 Portionen
Zubereitungszeit ca. 25 Minuten

- 1 Babylachs ca. 500–600 g (oder Wolfsbarsch, Zander, Brasse, Hecht)
- 1 1/2 kg grobes Meersalz
- 3 Eiweiß
- 50–100 ml Wasser
- 1 EL Dinkelmehl
- Kräuter nach Geschmack, zum Beispiel Petersilie, Zitronenthymian, Dill, Estragon oder Basilikum

Die Lachsforelle ausnehmen, auswaschen und mit Küchenkrepp trocken tupfen. Schuppen ist nicht nötig, weil die Haut nicht mit verzehrt wird. Für den Salzteig erst das Salz mit dem Mehl, dann mit Eiweiß mischen und das Wasser nach und nach hineinrühren. Noch 2 Minuten rühren und etwas ruhen lassen.

Aus mehrfach aufeinander gelegter Alufolie eine Fischkontur formen und auf ein Backblech legen (oder eine ovale feuerfeste Form mit Rand nehmen). 1/3 der Salzmasse in die Form füllen, glattstreichen.

Die Lachsforelle mit gewaschenen, trocken geschleuderten Kräutern füllen. Einen Teil zurücklassen. Den Lachs auf das Salz legen, die restlichen Kräuter darauf verteilen und mit der übrigen Salzmasse abdecken. Diese mit einem Tafelmesser glatt streichen. Bei 200 °C im vorgeheizten Backofen 15–20 Minuten garen lassen. Dann die Salzkruste abheben, die Haut entfernen und den Fisch filetieren und anrichten.

Ersetzen durch
Frühling: Blattspinat, Spargel grün und weiß
Sommer: Tomaten, Fenchel, junges Wurzelgemüse
Herbst: gelbe Rüben, Karotten, Kohlrabi
Winter: Wirsing, Kraut, Linsen

Ihr Typ:

A mit Kräuterpesto eingelegt und Oliven
B mit Ingwer, Cayenne-Pfeffer, Peperoni, Knoblauch
C mit Tomaten und frisch gehackten Salbei- oder Oreganoblättern
D ohne Kartoffeln mit viel Gemüse nach Jahreszeit

Gegrilltes Hühnerfleisch in Joghurtsoße

Zunächst die Marinade herstellen: Dafür alle Zutaten in einer Schüssel miteinander vermengen. Das Hühnerfleisch hinzugeben und so lange vermischen, bis das Fleisch vollständig von der Marinade bedeckt ist. Zugedeckt im Kühlschrank mindestens 5–6 Stunden (am besten über Nacht) ruhen lassen.

Vor dem Weiterverarbeiten das marinierte Hühnerfleisch auf Zimmertemperatur erwärmen. Das Fleisch auf Holzstäbe spießen. Die Spieße auf einen Grill legen oder in der Pfanne braten, dabei alle paar Minuten mit Öl bepinseln und wenden, bis das Fleisch gar, aber immer noch saftig ist. Das dauert etwa 10–15 Minuten.

4 Portionen
Zubereitungszeit ca. 20 Minuten

- 400 g gewürfeltes Hühnerfleisch, zartes Lamm oder Pute
- 1 EL Rapsöl zum Bepinseln

Für die Marinade:
- 180 g Naturjoghurt (aus Kuh-, Schafs- oder Ziegenmilch)
- 1 TL Ingwerpaste
- 2 TL Knoblauchpaste
- 2 TL frischer Zitronensaft
- 1 1/2 TL Masala-Gewürzmischung
- 1 TL Chilipulver und Meersalz (nach Geschmack)

Ihr Typ:

A mit Oregano oder Majoranblättern

B mit Pudina Chutney, und Basmati-Reis

C mit Hülsenfrüchtepüree und Gemüse

D mit Karotten und gelben Rüben, gedämpft

Ersetzen durch
Frühling: Blattspinat, Spargel grün und weiß
Sommer: Tomaten, junges Wurzelgemüse
Herbst: gelbe Rüben, Karotten
Winter: Wirsing, Kraut, Linsen

Mittagessen

Truthahnbrust mit Linsen und Bohnen

4 Portionen
Zubereitungszeit ca. 30 Minuten

- 300 g Truthahnbrustfilet (evtl. mit Haut) oder Hühnerbrust
- 250 g Truthahnhackfleisch fein
- 4 Schalotten gewürfelt
- 8 Mangoldblätter
- 1 Zweig Borretsch
- 1 Zweig Rosmarin
- 1/8 l Sahne oder dickflüssige Sojamilch
- 1/8 l kalte Gemüsebrühe
- Olivenöl
- Meersalz, Pfeffer aus der Mühle
- 1 Stange Lauch

Für die Linsen und Bohnen:

- 300 g rote Linsen
- 300g breite Bohnen (über Nacht einweichen)
- 2 Schalotten in feine Streifen geschnitten
- 1/2 Liter Tomatenfond
- 1/2 Liter Weißwein
- 1/16 Liter Sojamilch oder Sahne
- 3 Zweige Bohnenkraut
- Olivenöl
- Meersalz, Pfeffer
- Honig

Truthahnhackfleisch, Sahne, Gemüsebrühe und Gewürze in einer Mulinette zu einer feinen Farce verarbeiten. Schalotten in Olivenöl anschwitzen, Borretsch zugeben, erkalten lassen und zur Farce mischen.

Die Brustfilets auf eine Bratfolie legen, zuunterst Mangoldblätter (kurz überdämpft) auslegen und die Farce draufstreichen. Die gedämpften, trockenen Lauchstreifen auflegen und mithilfe der Folie zu einer straffen Roulade drehen. Bei 200 °C im Ofen etwa 25 Minuten garen. Saft auffangen und zum Gemüse geben. Roulade portionieren.

Linsen und geputzte Bohnen weich kochen. Schalotten in Olivenöl anschwitzen, mit Weißwein und Tomatenfond ablöschen und reduzieren. Linsen und Bohnen zugeben, mit Sojamilch, gehacktem Bohnenkraut und etwas Honig gut abschmecken.

Ihr Typ:

A mit Oregano, Minze oder Majoranblättern
B mit Pudina-Chutney und Basmatireis
C mit Blattspinat, Ingwer und Wurzelgemüse
D mit Karotten und gelben Rüben gedämpft

Ersetzen durch
Frühling: Spargel, Blattspinat
Sommer: Tomaten, Zucchini, Kohlrüben
Herbst: Kraut (Wildhase, Reh)
Winter: Mangold

Desserts – einmal anders

Feigen-Sahnedessert

Die Feigen waschen und von den Stängeln befreien. Etwas klein schneiden und zusammen mit den anderen Zutaten in einen Mixer geben und cremig pürieren.

Warum eigentlich nicht?
Desserts sind kalt, süß und schwer. Bei uns werden sie nach der Hauptmahlzeit gereicht. Versuchen Sie es einmal als Vorspeise, wie es auch in der indischen Küche üblich ist, denn zu diesem Zeitpunkt wirkt das Verdauungsfeuer am intensivsten. Ein Dessert als Vorspeise besänftigt das Verdauungsfeuer, ohne den Organismus zu belasten.

4 Portionen
Zubereitungszeit ca. 5 Minuten

- 10 getrocknete Feigen (Datteln, Trockenpflaumen)
- 1/2 TL Ginsengwurzel geschält und fein geschnitten
- 1 TL Limettensaft
- evtl. 1 EL weißer Portwein
- 1 EL Bienenhonig
- 250 g Sahne

Ihr Typ:

A mit einem Zweig frischer Minze

B mit Ingwer und Leinöl

C mit Anis, Zimt, Ingwer, Kardamom

D statt Sahne, Joghurt

Ersetzen durch
Frühling: Holunderblüten
Sommer: Waldbeeren, Kirschen, Aprikosen
Herbst: Zwetschgen, Pflaumen
Winter: Trockenfrüchte, Datteln

Mittagessen

Crème brulée

4 Portionen
Zubereitungszeit ca. 20 Minuten

- 180 g Schafs- oder Ziegensahne (oder Sojamilch)
- 1 Vanilleschote
- etwas Meersalz
- 4 Eigelb
- 50 g brauner Zucker
- 10 g Maisstärke

Milch, Sahne und das Mark einer Vanilleschote aufkochen und mit Maisstärke eindicken. Eigelb und Rohrzucker schaumig schlagen und unter die heiße Milchsahne rühren. In vier flache Schalen abfüllen, anschließend im vorgeheizten Backrohr bei 120 °C ca. 15 Minuten fertig garen. Aus dem Ofen nehmen, mit Folie bedecken und mindestens 2–3 Stunden kühl stellen. Kurz vor dem Servieren mit etwas Rohrzucker bestreuen. Den Rohrzucker mit einem Bunsenbrenner beflammen, so dass er gleichmäßig hellbraun karamellisiert.

Ihr Typ:

A mit einem Zweig frischer Minze

B mit Anis und Zimt

C mit Ingwer, Vanille, Kardamom

D statt Sahne Milch und mehr Maizena

Ersetzen durch
Frühling: Erdbeeren
Sommer: Waldbeeren, Aprikosen
Herbst: Brombeeren
Winter: Trockenfrüchte, Datteln

Desserts – einmal anders

Obstsalat mit frischer Ingwersahne

Den Ingwer schälen und fein schneiden. Apfel und Birne waschen, entkernen und klein würfeln. Die Weintrauben waschen, halbieren und entkernen. Die halbe Orange auspressen. Die Sultaninen waschen und zusammen mit dem Orangensaft unter das übrige Obst rühren.

Die Sahne steif schlagen, mit Ingwer, Kardamom und Anis fein abschmecken. Den Obstsalat in Dessertschälchen geben und mit Sahnehäubchen garnieren.

4 Portionen
Zubereitungszeit ca. 5 Minuten

- 1 TL Ingwerwurzel fein geschnitten
- je 1 Apfel, Birne, Banane
- 100 g Weintrauben
- ½ Orange
- 1 Hand voll Sultaninen
- 200 g Sahne
- 1 Msp. Kardamom gemahlen
- 1 Prise Anispulver

Ihr Typ:

A mit einem Zweig frischer Minze ohne Ingwer

B mit Anis, Zimt, Kardamom und 1 EL Amarantmehl

C Obstsalat warm servieren evtl. mit Getreidebrei

D statt Sahne Joghurt und 1 EL Dinkelmehl

Ersetzen durch
Frühling: Gartenerdbeeren
Sommer: Aprikosen, Melone, Feige frisch
Herbst: Preiselbeeren, Sanddorn, Himbeeren
Winter: Apfel, Birne, Trockenfrüchte

Mittagessen

Orangencreme

4 Portionen
Zubereitungszeit ca. 10 Minuten

- 5–7 unbehandelte Orangen
- 1–2 Blutorangen
- 1 unbehandelte Zitrone
- 2–3 EL brauner Rohrzucker
- 1–2 EL Reismehl oder Maisstärke
- Zitronenmelisse, frisch

Eine gut gewaschene Orange sowie die Zitrone sehr dünn schälen und die Schale in feine Streifen schneiden. Orangen, Blutorangen und Zitrone auspressen und den Saft in einen Topf gießen. Die Schalenstreifen sowie den Zucker hinzufügen und das Ganze aufkochen lassen.

Reismehl oder Maisstärke in etwas kaltem Wasser anrühren und zum Orangensaft gießen. Alles mit dem Schneebesen sorgfältig verrühren und erneut aufkochen, bis die Flüssigkeit dickflüssig wird. Die Orangencreme abkühlen lassen und servieren.

Ihr Typ:

A gekühlt servieren

B mit Mandelpaste und Leinöl

C mit Ingwer, Leinöl, nicht zu kalt

D mit Sesam gemahlen

Ersetzen durch
Frühling: Erdbeeren
Sommer: Johannisbeeren
Herbst: Zwetschgen, Pflaumen
Winter: Apfel, Birne

Apfel mit Kardamom

Die Äpfel waschen, vierteln, die Kerngehäuse herausschneiden und die Äpfel klein würfeln. Ghee in einem Topf erhitzen und den Zucker darin schmelzen lassen. Die Äpfelstückchen hinzugeben und köcheln lassen. Nun die Vanilleschote längs halbieren, das Mark herausschaben und zusammen mit den übrigen Gewürzen zu den Apfelstückchen geben.

Das Ganze noch etwa 10 Minuten weiter köcheln lassen. Das Dessert heiß oder kalt servieren.

4 Portionen
Zubereitungszeit ca. 15 Minuten

- 5 Äpfel
- ½ EL Butterschmalz (Ghee)
- 1–2 EL brauner Rohrzucker
- 1 Vanilleschote
- 2–3 ganze Sternanis
- ¼ TL gemahlener Zimt
- ¼ TL gemahlener Kardamom
- 4–5 Safranfäden

Ihr Typ:

A kalt servieren mit frischen Ananas

B mit Leinöl und Walnussmus

C warm essen mit Sahne u. Kokosflocken

D mit Walnüssen oder Mandeln

Ersetzen durch
Frühling: Erdbeeren
Sommer: Sauerkirschen, Kirschen
Herbst: Weintrauben, Brombeeren
Winter: Banane

Mittagessen

Dinkel-Ingwer-Kekse

40 Stück
Zubereitungszeit ca. 20 Minuten

- 50 g frischen Ingwer fein gehackt
- 150 g Butter
- 60 g Honig
- 1 Hühnerei
- 225 g Dinkel-Vollwertmehl, fein gemahlen (oder zur Hälfte gemahlene Nüsse)
- 50 g frisch gemahlene Mandeln
- je eine gute Prise frisch gemahlene Nelken und Zimt
- Außerdem: Mehl zum Formen, Butter und Backpapier für das Backblech

Butter cremig rühren, dann das Ei und den Honig untermischen. Das Dinkelmehl, die Mandeln und die Gewürze mit einem Kochlöffel unterziehen. Den Teig kurz mit den Händen verkneten und drei Rollen mit etwa 2,5 cm Durchmesser formen. Einzeln in Folie wickeln und 1 Stunde kühl stellen. Den Backofen auf 180 °C vorheizen. Das Backblech vorbereiten. Von den Rollen knapp fingerdicke Scheiben abschneiden und auf das Blech legen. Die Ingwerkekse im Backofen (mittlere Schiene) in etwa 15 Minuten goldbraun backen.

Variationen:

Sie können auch $1/3$ Buchweizenmehl zum Dinkelmehl mischen. Statt Ingwer können Sie auch Kardamom und Galgantwurzel fein gemahlen nehmen.

Ihr Typ:

A mit Amarant oder Quinoamehl

B mit klein gehackten Nüssen und Leinöl

C mit Mandeln oder Pistazien

D mit Dinkelkleie zur Masse

Ersetzen durch
Frühling: mit Erdbeermus
Sommer: Wildbeerenmus
Herbst: Preiselbeermus
Winter: Apfelmus

Dinkelschmarren mit Heidelbeeren

Milch, Sahne, Eigelb, Salz, 2 EL Zucker, Vanille und Dinkelmehl zu einem Pfannkuchenteig rühren. Eiweiß mit dem restlichen Zucker zu Schnee schlagen und unterheben.

Butter in einer großen Pfanne zerlaufen lassen, einige Rosinen in die Pfanne geben und mit der Teigmasse auffüllen, restliche Rosinen und Heidelbeeren darauf verteilen. Das Ganze kurz auf der Herdplatte anbräunen, in der Mitte halbieren und beide Seiten umdrehen. In den vorgeheizten Backofen schieben und bei 200 °C etwa 15 Minuten backen. Danach herausnehmen und mit zwei Gabeln zerreißen. Den Schmarren auf die Seite schieben, 1 EL Zucker in die Pfanne streuen und auf der Kochplatte karamellisieren, den Zucker also schmelzen lassen und dann schnell mit dem Schmarren verrühren. Dadurch bekommt er eine herrliche Kruste. Mit den Heidelbeeren servieren und – nach Wunsch – mit Puderzucker bestreuen.

4 Portionen
Zubereitungszeit ca. 20 Minuten

- ¼ l Milch
- ⅛ l Sahne
- 6 Eigelb
- 4 Eiweiß
- Meersalz, Naturvanille
- 120 g brauner Zucker
- 250 g feines Dinkel-Vollwertmehl, frisch gemahlen
- 50 g Butter
- 50 g Rosinen, eingeweicht
- 4 EL frische Heidelbeeren
- 8 EL Heidelbeermus
- 1 EL Zucker zum Karamellisieren

Ihr Typ:

A mit kaltem Fruchtmus-Röster
B mit Ingwer-Apfelkompott
C mit Walnüssen, gehackt und Vanille
D mit Sesam, ungeschält zur Masse

Ersetzen durch
Frühling: Erdbeeren
Sommer: Kirschen, Johannisbeeren, Waldbeeren
Herbst: Preiselbeeren, Brombeeren
Winter: Apfelmus

Mittagessen

Dinkel-Apfelkuchen

16 Portionen (1 Haushaltsblech)
Zubereitungszeit ca. 40 Minuten

- 450 g feines Dinkelmehl frisch gemahlen
- 300 g Butter
- 130 g brauner Zucker
- 2 Eidotter
- Meersalz
- Vanillezucker
- Zitronenschale

Für die Füllung:
- 1 kg säuerliche Äpfel, geschält
- 150 g brauner Zucker
- 200 g Rosinen
- 2 EL Rum
- 1 EL Zimt
- 1 TL Vanillezucker

Das frisch gemahlene Dinkelmehl auf eine Arbeitsplatte geben, in der Mitte eine Mulde drücken, Eidotter, Zitronenschale und Vanillezucker hineingeben. Rundum die kalten Butterstückchen verteilen und alles zusammen zu einem festen Mürbteig kneten. In Folie wickeln und $1/2$ Stunde im Kühlschrank rasten lassen.

Für die Füllung Äpfel entkernen und in Scheibchen schneiden. Mit Zucker, Zimt, Rum, Rosinen und Vanillezucker mischen und in einer großen Pfanne kurz andünsten. Abkühlen lassen.

Den Teig halbieren und auf einer bemehlten Arbeitsfläche ca. $1/2$ cm dick ausrollen, so groß, dass er auf das Backblech passt. Die Füllung darauf verteilen. Die zweite Teighälfte mit Hilfe des Rollholzes darüber legen und im vorgeheizten Backofen bei 180 °C ca. 35 Minuten backen. Herausnehmen, portionieren und mit Vanillezucker bestreuen.

Ihr Typ:

A den kalten Kuchen mit Fruchtcreme

B Walnüsse gegen Dinkelmehl tauschen

C Ingwer klein geschnitten zur Masse geben

D Dinkelkleie und Sesam zur Masse geben

Ersetzen durch
Frühling: Rhabarber
Sommer: Aprikosen
Herbst: Zwetschgen
Winter: Äpfel, Birnen

Abendessen

Für viele Menschen gilt das Abendessen leider immer noch als Hauptmahlzeit des Tages, aus Gewohnheit, beruflichen Gründen oder mangels besseren Wissens. Mein Tipp: Wenn es irgendwie geht, machen Sie aus dem Abendessen ein Mittagessen oder verlegen Sie das Mittagessen auf den späten Nachmittag, um danach nichts mehr zu essen. Es wird sich auch für Sie lohnen.

Schon F.X. Mayr sagte: „Frühstücke wie ein Kaiser, esse mittags wie ein Edelmann und abends wie ein Bettelmann". Das Rezept für ein schlankes, langes Leben heißt also: Verzichten Sie so oft wie möglich auf das Abendessen. Die allgemein gültige Regel zum Abspecken und Schlankbleiben ist schlicht und einfach: Versuchen Sie nach etwa 16–17 Uhr nichts mehr zu essen und 14 Stunden zu fasten. Das klingt nur etwas entbehrungsreich, ist es aber nicht. Wenn Sie nicht völlig auf das Abendessen verzichten können und um 17 Uhr noch eine Kleinigkeit essen, dann könnten Sie um 7 Uhr morgens frühstücken und Sie haben dennoch die 14 Stunden Fastenzeit eingehalten. In dieser Zeit können Sie neue Energien auftanken, die Ihnen sonst versagt bleiben.

Aktuelle Forschungsergebnisse bestätigen diese These. Den Zuckerspiegel über einen gewissen Zeitraum abzusenken wie beispielsweise bei „Dinner Canceling", ist bis jetzt die einzige Methode, die erwiesenermaßen das Leben verlängert. Warum ist das so? Weil der Verzicht auf das Abendessen die nächtliche Produktion der Hormone Somatotropin und Melatonin anregt. Von diesen Hormonen sagt man, würden die biologischen Alterungsprozesse verlangsamt werden.

Info

Für einen gesunden Menschen von heute reichen zwei Mahlzeiten pro Tag: das Frühstück und das späte Mittagessen.

Abendessen

Kleine Abendmahlzeiten

Roher marinierter Lachs

4 Portionen
Zubereitungszeit ca. 10 Minuten

- 400 g Wildlachsfilet
- 3 Limetten
- 2 EL brauner Rohrzucker
- 2 Stängel Zitronengras
- 3 Zweige Minze
- 5 EL Fischsoße (Asia Shop)
- 2 Schalotten
- 1 EL Limettenschale fein geschnitten
- Meersalz
- Pfeffer und Koriander aus der Mühle

Rohrzucker, Saft von 3 Limetten, fein gehackte Minze und Fischsauce in einem kleinen Gefäß miteinander vermengen und mit Pfeffer, Koriander und Meersalz abschmecken. Das Lachsfilet entgräten und in hauchdünne Scheiben schneiden. Diese nebeneinander auf einen flachen Teller legen, mit der Marinade dünn napieren. Die fein geschnittenen Schalotten, das untere Drittel der Zitronengras-Stängel und die hauchdünnen Limettenstreifen über den Lachs streuen.

Ihr Typ:

A mit frischer Minze-Chutney oder Pesto

B mit Senfsauce, Apfel-Chutney, Leinöl

C mit Ingwer, Cayennepfeffer, Galgant

D mit Meerrettich und Pfeffer

Info

Grundsätzlich eignen sich für ein leichtes, kleines Abendessen alle Brotaufstriche sowie Brotfladen, Getreidegerichte, Suppen klar und gebunden, Reisgerichte oder fleischlose Gerichte in kleinen Portionen. Je weniger, desto besser für Sie!

Gebeizte Forelle

Die Forelle filetieren, aber nicht enthäuten, und die Seitengräten sehr vorsichtig mit einer Pinzette herausziehen. Die beiden Filets sauber parieren. Ein Filet mit der Hautseite nach unten in eine entsprechend große Form oder auf eine Platte mit Rand legen. Das Salz mit dem Zucker und dem Pfeffer mischen und damit das Filet bestreuen. Den Dill mit den Stängeln grob hacken und darüber streuen. Mit Cognac beträufeln und mit gemahlenem Koriander und Pfeffer würzen. Das zweite, auf die gleiche Weise gewürzte Filet mit der Hautseite nach oben so drüberlegen, dass das Schwanzende auf den Kopfteil des in der Form befindlichen Filets zu liegen kommt. Mit einem Brettchen abdecken und leicht beschweren.

Das Ganze mit Alufolie zudecken und mindestens für 48 Stunden im Kühlschrank marinieren. Während dieser Zeit die Filets zweimal wenden.

4 Portionen
Zubereitungszeit ca. 48 Stunden
- 1 Lachsforelle ca. 1½ kg (Saibling, Lachs, Forelle)
- 40 g grobes Meersalz
- 30 g Zucker
- 1 TL Pfefferkörner grob zerstoßen
- 1 Bund frischer Dill
- 60 ml Cognac
- Pfeffer und Koriander aus der Mühle

Ihr Typ:

A mit frischer Minze-Chutney oder Pesto, Oliven

B mit Senfsauce, Apfel-Chutney

C mit Ingwer, Cayennepfeffer, Galgant, Olivendip

D mit Meerrettich und Pfeffer, Zwiebel eingelegt

Mein Tipp

So wie Lachs auf skandinavische Art (Gravlaks) können Sie auch andere Fische beizen. Diese sollten nur möglichst groß, fett und selbstverständlich frisch sein. Geeignete Fische sind zum Beispiel Forellen ab 1 kg Gewicht, Lachsforellen, Saiblinge und große Makrelen.

Abendessen

Seeteufelsalat

4 Portionen
Zubereitungszeit ca. 60 Minuten

- 300 g Seeteufelfilet (Seezunge, Calamari)
- 1 TL Olivenöl,
- etwas frisch gemahlener Pfeffer
- 1 TL frischer Ingwer
- 1 TL Zitronensaft
- 1 Fenchelknolle,
- 120 g frische Champignons
- 100 g Staudensellerie mit Grün,
- 1 EL frische, kleine Basilikumblätter

Für die Soße:
- 1 EL kaltgepresstes Olivenöl
- 1 EL feiner Weinessig
- $1/2$ TL scharfer Senf
- 100 g Kirschtomaten

Das Seeteufelfilet in etwa 1 cm dicke Scheiben schneiden und auf einen Teller legen. Mit Olivenöl bepinseln und mit feinst geschnittenem Ingwer, Zitronensaft und Pfeffer würzen. Mit Folie zudecken und etwa 1 Stunde durchziehen lassen. Dann in einer beschichteten Pfanne mit 1 TL Olivenöl beidseitig kurz braten und zur Seite stellen.

Fenchel putzen, halbieren und in dickere Scheibchen schneiden. Champignons putzen und halbieren. Staudensellerie schälen und in Streifen schneiden. Das Grün grob schneiden.

In derselben Pfanne zuerst die Champignons kurz anbraten und herausgeben, dann die Fenchelstreifen und den Sellerie mit $1/16$ Liter Gemüsebrühe oder Fischfond nicht zu weich dünsten. Zuletzt ganz kurz die halbierten Kirschtomaten und frisch geschnittenen Basilikumblätter mit dem Selleriegrün untermischen, salzen und pfeffern. Das Gemüse auf Tellern anrichten, die Zutaten für die Soße verrühren und drübergeben. Zuletzt die lauwarmen Seeteufelscheiben drauflegen.

Ihr Typ:

A mit frischer Minze-Chutney oder Pesto, Olivenöl

B mit Senfsauce, Apfel-Chutney, Leinöl

C mit Ingwer, Cayennepfeffer, Leinöl

D mit Meerrettich und Pfeffer, Walnussöl

Energiereiche Getränke und Gewürzmischungen

Es gibt keine gesunde Ernährung ohne ausreichendes Trinken. Der menschliche Körper besteht zu zwei Dritteln aus Wasser. Er scheidet täglich 2–3 Liter Flüssigkeit aus. Dafür braucht er Ersatz.

Denken Sie daran, täglich genug (2–3 Liter) Wasser oder Kräutertee zu trinken. Dadurch wird Ihr Blut verdünnt und die Blutzirkulation positiv beeinflusst. Zwischendurch sollten Sie – bei Stressbelastung – ab und zu ein Glas Wasser mit 1 TL Basenpulver trinken. Je nach Typologie und persönlicher Empfindung kann das Wasser oder das Frühstücksgetränk heiß, warm, lauwarm oder leicht abgekühlt getrunken werden.

Tagsüber nehmen Sie einen Krug mit gutem Leitungswasser und geben einen Zweig frische Minze oder Melisse mit 2–3 Scheiben Orange und Zitrone hinein. Dieses Wasser kann nach Bedarf mit 1 TL Honig und etwas Salz gemischt werden als Energiegetränk.

Auch stille Mineralwässer ohne Kohlensäure sind geeignet. Keineswegs bekömmlich sind die Säurespender und Insulinreizer Bohnenkaffee, Industriegetränke wie Cola oder Limonade, unverdünnte Fruchtsäfte und Alkoholika. Nicht als Getränk sondern als Genussmittel in kleinen Mengen kann guter trockener Rot- oder Weißwein und Grüner Tee (besser als Schwarztee) empfohlen werden. Schwarz- und Grüntee enthalten auch Koffein, der aber an Gerbstoffe gebunden ist und nur sehr langsam resorbiert wird. Bier ist wegen des hohen Glyx nicht empfehlenswert.

Nachfolgend finden Sie einige Grundrezepte, die dem jeweiligen Typ entsprechend angereichert oder aufgewertet werden können.

Zitat

Man versäume nie das Trinken. Das beste Getränk ist Wasser. Es ist ein Mittel zur Verlängerung des Lebens.
Chr. W. Hufeland (1672–1836)

Energiereiche Getränke und Gewürzmischungen

Ingwer-Apfelschalentee

4 Portionen
Zubereitungszeit ca. 20 Minuten

- Die gewaschenen Schalen von 2–3 ungespritzten Äpfeln (Äpfel für Kompott verwenden)
- 1 l Wasser
- 3 Nelken, 1 Zimtrinde
- 1 TL frische Ingwerscheiben
- 1–2 EL Bienenhonig

Alles mit kaltem Wasser aufsetzen, einmal aufkochen und 20 Minuten ziehen lassen. Vom Herd nehmen und kühl stellen. Honig einrühren, abseihen und trinken.

Ihr Typ:

A ohne Ingwer mit Zitrone und frischer Minze kalt trinken

B warm trinken

C mit viel Ingwer und Kardamom, heiß trinken

D kleinere Mengen warm schluckweise trinken

Mein Tipp
Verwenden Sie ausschließlich frischen Ingwer. In feuchten Küchenkrepp gewickelt, hält er sich im Kühlschrank tagelang frisch.

Energiereiche Getränke

Ingwer- oder Ginsengtee

Frischer, fein geschnittener Ingwer oder Ginsengwurzel und Zitronensaft in die Tasse geben, mit kochend heißem Wasser aufgießen, verrühren und mit Honig süßen.

4 Portionen
Zubereitungszeit ca. 5 Minuten

- 1 EL frischer Ingwer oder Ginsengwurzel, fein geschnitten
- Saft einer 1/2 Zitrone
- 1/4 l kochend heißes Wasser
- 1 TL Honig

Ihr Typ:

A ohne Ingwer, Minzentee mit Zitrone kalt trinken

B warm trinken mit etwas Zitrone- oder Orangensaft

C mit viel Ingwer oder Ginseng, heiß trinken

D kleinere Mengen, evtl. ohne Honig schluckweise trinken

Ingwer – die Wunderwurzel

Trinken Sie davon 3 Tassen pro Tag, wenn Sie unter Kältegefühl leiden. Bei Hitzegefühl nehmen Sie einen Krug kaltes Wasser mit frischen Minzezweigen, Zitronen und Orangenscheiben.

Frische Ingwerscheibchen kann man zu sehr vielen Speisen geben, am größten ist natürlich seine Wirkung, wenn er auch geschmacklich im Vordergrund steht. Sehr gut wirken beispielsweise Gebäck sowie Joghurt- und Kefirspeisen, denen feinst geschnittener oder gehackter Ingwer zugesetzt wird.

Kandierte Ingwerstückchen erhalten Sie in chinesischen Lebensmittelgeschäften und Naturkostläden.

Energiereiche Getränke und Gewürzmischungen

Energie-Erfrischungsgetränk
(nicht am Abend!)

4 Portionen
Zubereitungszeit ca. 10 Minuten

- 1 l Wasser
- 3 EL offene Früchteteemischung
- Saft von 2 ausgepressten Orangen und 1/2 Zitrone
- 1/2 TL Meersalz
- 1 Bund frische Zitronenmelisse mit Stielen
- 1 kleine Ananas geschält und klein gewürfelt
- 2 EL Honig

Zuerst einen Früchtetee kochen, abkühlen lassen und mit den gepressten Säften in einen Krug füllen. Dann die Melissenblätter mit Stielen hineinstecken. Der Saft hält sich gut im Kühlschrank, sollte aber stets frisch aufgerührt werden.

Ihr Typ:

A angenehm kalt trinken mit Melisse oder Minzeblättern

B warm trinken mit Zimtrinde und Kardamom

C heiß oder kalt trinken mit zusätzlichen Ingwerscheiben

D temperiert trinken mit etwas fein geschnittener Galgant-Wurzel

Gewürzmischungen zur Belebung von Verdauungsfeuer und Säften

Garam Masala
hilft dem Magen

Die Gewürze zu feinem Pulver vermahlen und in luftdicht verschlossenen Gefäßen im Kühlschrank aufbewahren. Hält sich monatelang frisch. Falls der braune Kardamomsamen nicht erhältlich ist, insgesamt 4 TL grüne Kardamomsamen nehmen. Sie können diese Gewürzmischung sparsam für fast alle Gerichte verwenden, besonders für Lammgerichte mit Soße.

Ihr Typ:

A mit Minzeblättern getrocknet, Anis, Schwarzkümmel

B mit Pinienkernen, Walnüssen und gutem Leinöl

C mit Knoblauch, Ingwerscheiben, Paprikapulver, Chili

D mit kaltgepresstem Walnussöl oder Leinöl angereichert

ergibt etwa 500 g
Zubereitungszeit ca. 10 Minuten

- 300 g Kreuzkümmelsamen
- 180 g Koriandersamen
- 2 TL Kardamomsamen von grünen Kapseln
- 2 TL Kardamomsamen von braunen Kapseln
- 1 EL Gewürznelken
- 1 Zimtstange, ca. 6 cm lang
- 2 EL schwarze Pfefferkörner (nach Geschmack)
- 4–5 Lorbeerblätter
- ½ Muskatnuss

Energiereiche Getränke und Gewürzmischungen

Knoblauch-Ingwerpaste

4 Portionen
Zubereitungszeit ca. 10 Minuten

- je 300 g Knoblauch und Ingwer geschält und klein geschnitten

In einem Mixer mit 2 EL gutem Olivenöl pürieren. Am besten in kleine Gläser mit Schraubverschluss füllen und im Kühlschrank einige Tage aufbewahren.

Ihr Typ:

A evtl. mit Minzeblättern getrocknet, Anis, Schwarzkümmel

B mit Pinienkernen, Walnüssen und gutem Leinöl

C mit Paprikapulver, Chili, Masala-Mischung, Chutney

D mit kaltgepresstem Walnussöl oder Leinöl angereichert

Geösteter, gemahlener Kreuzkümmel

Den Kreuzkümmel in einer kleinen Pfanne dunkelbraun rösten, aufpassen, dass er nicht verbrennt. Abkühlen lassen und in einer Kaffeemühle zu feinem Pulver mahlen. In einem luftdicht verschlossenen Gefäß aufbewahren.

Gerösteter Kreuzkümmel eignet sich auf Grund seines wundervollen Aromas für viele Gerichte und schmeckt besonders lecker in Beilagen auf Joghurtbasis und ist einfach herzustellen.

4 Portionen
Zubereitungszeit ca. 10 Minuten

▶ 2–3 EL Kreuzkümmelsamen

Ihr Typ:

A mit Minzeblättern getrocknet, Anis, Schwarzkümmel

B mit Pinienkernen, Walnüssen gehackt

C mit Knoblauch und Ingwerscheibchen, Paprikapulver, Chili

D mit getrockneten Algen und Sprossen

Energiereiche Getränke und Gewürzmischungen

Joghurt-Chutney mit Minze
(für gegrillte Gerichte und Speisen)

ergibt etwa 350 g
Zubereitungszeit ca. 10 Minuten

- 200 g Naturjoghurt, aufgeschlagen
- 1 EL Zitronensaft
- 1 EL Minzeblätter, gehackt
- ½ TL Pfefferpulver schwarz, frisch gemahlen
- ½ TL Chilipulver oder 1 kleine Schote
- 2 TL brauner Zucker oder Honig
- Meersalz nach Geschmack

Sämtliche Zutaten in einer Schüssel gut miteinander vermischen. Eventuell nachwürzen. Kalt stellen und frisch verzehren. Dieses Chutney passt hervorragend zu allen gegrillten Gerichten, aber auch zu vielen Gemüse-Vorspeisen.

Ihr Typ:

A ohne Pfeffer und Chili

B mit Dinkel- oder Hirseflocken, Walnüssen und gutem Leinöl

C mit Knoblauch und Ingwer, Galgant, Kardamom, Leinöl

D mit Fruchtwürfelchen und Sesam, ungeschält

Ingwer-Chutney

Kreuzkümmel, Kurkuma, Koriander, Senfsaat und die zerkleinerte Pfefferschote in Öl leicht anbraten. Gehackten Ingwer und klein geschnittenen Knoblauch hinzufügen und auf kleiner Flamme dünsten. Zucker und Salz dazugeben und dann mit dem Essig ablöschen. Auf kleiner Flamme etwa 15 Minuten kochen, bis der Ingwer weich ist. In Gläser abfüllen und kurz auf den Kopf stellen.

Ihr Typ:

A ohne Ingwer mit Minze oder Zitronenmelisse

B mit Leinöl und Sesam, ungeschält, Galgant

C mit Pinienkernen, Kardamom, Walnüssen und gutem Leinöl

D mit kaltgepresstem Walnussöl oder Leinöl, grüne Tomaten

**ergibt etwa 350 g
Zubereitungszeit ca. 20 Minuten**

- 200 g frischer Ingwer, dünn geschält und fein gehackt
- 100 g Knoblauchzehen
- Je 1 TL Kreuzkümmel und Kurkuma
- 1/2 TL Korianderpulver
- 1 TL Senfsaat
- 1 kleine Pfefferschote frisch
- 1 EL Rapsöl zum Anbraten
- 100 g brauner Zucker oder Honig
- 1 TL Meersalz
- 1/8 l guter Balsamico-Essig, weiß

Rezepteregister

Amarantbrot mit Leinsamen (glutenfrei) 114
Apfel mit Kardamom 157
Basmatireis, indischer 137
Blattsalat – Grundrezept 122
Bohnengulasch mit Kartoffeln 146
Bouillabaisse 134
Brokkoli-Karottenauflauf mit Portulak 143
Brot schnell und einfach 113
Carpaccio von Roter Bete 126
Chili-Ingwersuppe 128
Crème brulée 154
Dinkel-Apfelkuchen 160
Dinkelbrotfladen, einfach 111
Dinkel-Ingwer-Kekse 158
Dinkelschmarren mit Heidelbeeren 159
Dinkelsuppe 136
Dinkel-Zwiebelbrötchen 112
Energie-Erfrischungsgetränk 168
Erbsensuppe mit Ingwer 131
Erbsschoten mit Kuskus und Schafskäse 141
Erdäpfelgnocchi 144
Feigen-Sahnedessert 153
Forelle, gebeizt 163
Frischkäse 108
Frischkäse, pikant 109
Früchtemüsli mit Ingwer 106
Garam Masala 169
Gemüse, eingelegt 119
Gemüsebouillon, klar, mit Ingwer 127
Gemüsestifte, roh, mit Sauerampfer-Dip 125
Getreidebrei mit Ingwer 104
Getreidebrei 103
Gewürzmilch, heiße 105
Ghee 100
Goldbrasse auf Fenchelgemüse 149
Grünkernsalat mit Ziegen-Frischkäse 124
Hühnerfleisch, gegrillt, in Joghurtsoße 151
Ingwer- oder Ginsengtee 167
Ingwer-Apfelschalentee 166
Ingweraufstrich 115
Ingwer-Chutney 173
Jasminreis 138
Joghurt, frisch 107
Joghurt-Chutney mit Minze 172
Kartoffelsuppe mit Buchweizen 135
Kicherbsen-Tagliatelle 142
Knoblauch- oder Bärlauchsuppe 132
Knoblauch-Ingwerpaste 170
Kreuzkümmel, gemahlen, geröstet 171
Lachs- oder Felchenfilet mit Rucolaschaum 148
Lachs, roh, mariniert 162
Lachsforelle in der Salzkruste 150
Mangoldspinat mit Ziegenkäse 123
Möhren- oder Kürbisgemüse mit Ingwer 140
Obstsalat mit frischer Ingwersahne 155
Orangencreme 156
Paprika-Hirsotto mit Bärlauch 147
Peperoni, mariniert 120
Pilze, eingelegt 118
Risotto 139
Salatdressing 121
Seeteufelsalat 164
Selleriesuppe mit Kurkuma 129
Tofu-Olivenaufstrich 116
Tomatenaufstrich, rot oder grün 117
Truthahnbrust mit Linsen und Bohnen 152
Wildkräutersuppe mit Oliven 133
Zucchinisuppe mit Koriander 130
Zwiebelsoufflée, luftig 145

Klüger essen, länger leben nach dem Lans_Med_Concept®

Im exklusiven *Lanserhof*/Tirol wurde ein einmaliges zukunftsweisendes Konzept entwickelt und präsentiert. Das *Lans_Med_Concept* ist die perfekte Symbiose aus Spitzenmedizin, Naturheilkunde, Serviceleistung, modernem Design und Urlaubsatmosphäre in ursprünglicher alpiner Landschaft.

Die *Lans_Medizin* steht für Prävention und Regeneration auf höchstem Niveau. Sie vernetzt Themen wie *Detox* (Reinigung), *Energy* (Individualität), *Body-Sphere* (Bewegung), *United-Med* (chinesische Medizin) und *Med-Beauty* (Schönheit). Als weitere Säule des Lans_Med_Conceptes wurde Dipl. Diät-Küchenmeister Peter Mayr damit beauftragt, die Energy-Cuisine zu formen und zu entwickeln.

Die medizinischen Methoden reichen von der modernen *Mayr-Medizin* über die verschiedenen Therapien (Osteopathie, Chirotherapie, Physiotherapie) bis zur Sport- und Ernährungsmedizin. Dabei gilt das bekannte Prinzip: der Mensch ist Mittelpunkt. Im Zentrum steht also nicht die Apparate-Medizin, sondern zunehmend die »Behandlung« im eigentlichen Wortsinn: das Tasten und Fühlen, das Spüren und Sehen mit der Hand und dem Auge des Arztes. Selbstverständlich unterstützen Computerdaten die Entfaltung attraktiver Erfolge in der Lanser-Spitzenmedizin. Der von Gründer und Geschäftsführer Andreas Wieser geführte *Lanserhof* ist heute Europas modernstes Gesundheitszentrum, das sich zu einem Wegbereiter für die Medizin der Zukunft entwickelt hat.

Nähere Informationen:
Lanserhof
Lans_Med_Concept
A-6072 Lans bei Innsbruck
Tel. +43-512-38 666/Fax +43-512-38 666 445
e-mail: a.baumann@lanserhof.at
internet: www.lanserhof.at

„nichts macht so attraktiv und erfolgreich wie einfach nur entspannt zu sein"

medical value LANSERHOF

A-6072 Lans / Tirol
Telefon ++43/+512/38 66 6-0
Fax ++43/+512/37 82 82
info@lanserhof.at

www.lanserhof.at